トップの資質

信長・秀吉・家康に仕えた武将
田中吉政から読み解くリーダーシップ論

半田隆夫 歴史研究家
箱嶌八郎 作家
宇野秀史 ジャーナリスト

梓書院

国際交流を推進した先人

公益財団法人 福岡県国際交流センター
理事長　新宮　松比古

田中吉政は、秀吉に仕えて頭角を現し、関ヶ原の後は筑後国を治めた武将ですが、親子二代による統治期間の短さから、地元福岡でもその名前を知らない人が多いようです。しかし、柳川の掘割の整備や筑後川などの治水、交通網の整備など様々な事業を実行し、福岡県の基盤づくりに大きな足跡を残した非常に優れた武将だといえます。

また、自らも洗礼名を持つなど、キリスト教を保護した大名でもあります。領民がキリスト教徒になることを奨励したり、宣教師たちとの交流も図っていたようです。

福岡県国際交流センターは、世界各国・地域との交流を深め、相互の繁栄と世界平和に寄与することを目的に活動しています。たとえば、福岡県と姉妹友好など提携している米国のハワイ州や中国の江蘇省、タイのバンコク都、インドのデリー州、ベトナムのハノイとの交流を進めるとともに、九カ国二一の海外福岡県人会との交流も行っています。アクロス福岡三階で運営している「こくさいひろば」は、国際関係の情報提供や在住外国人の相談対応などを行い、県民と在住外国人との交流の場として機能しています。また、当センター内の福岡県留学生サポートセンターでは、留学前から留学中、留学後までの総合的な支援も行っています。

海外との交流という視点で見れば、田中吉政はキリスト教の保護を通して国際交流を果たした先人でもあり、その考え方は私たちが目指すところと大いに通じるものがあると感じています。

今回の出版で、福岡の魅力を知る機会が増えることでしょう。本県の学生や県民の皆様が田中吉政の偉業を知り、留学生たちにも伝えていくきっかけになれば、お互いの歴史や文化を理解するという国際交流における一つの目的を果たすことにもつながるのではないかと期待しています。

はじめに

今から四〇〇年前、田中吉政は織田信長、豊臣秀吉、徳川家康といった天下人に仕え、その中で頭角を現し、最後は三二万五〇〇〇石の筑後国主として福岡県南を治めた。吉政と息子の忠政の時代を合わせても二〇年余という短い期間の統治だっただけに、時代に埋もれてしまったところもあるが、柳川をはじめ領内で治水事業や交通網の充実から農商工の振興など国のグランドデザインを描き、次々と形にした優れた武将であり政治家だった。

この戦国時代を昇龍のごとく駆け昇った田中吉政という武将の人生をまとめているうちに、ある思いが強くなった。「戦国乱世の時代と今の時代背景が似ているのではないか」というものだ。

下剋上や裏切りが当たり前のような時代に、家を統率する武将に求められたのは生き抜くこと。一方、現代日本は、高度成長を果たし経済大国となったが、バブル崩壊とその後遺症のなかで、多くの企業が疲弊していった。その結果、終身雇用制度の崩壊や企業買収（調略）の横行、無益な価格競争、海外からの安価な商品の流入など先の見えない世の中となった。さらに、組織内では告発による問題の発覚や顧客情報の流出といったコンプライアンス違反を引き起こすなど一種の反乱が起き、企業のかじ取りはますます難しくなっている。

今回の出版は、当初、田中吉政という武将の生き様や残した偉業など、その足跡を広く知ってもらうことを目的として企画した。その思いは基本的に変わっていないのだが、原稿を書き進めるにしたがって、現代と同じような混沌とした時代を切り開いた吉政と吉政が関係した武将たちの生き方や考え方から、これからの時代を生き抜くために必要なトップの資質を読み取っていただきたいと考えるようになった。

乱世を生き抜くことができたのは、力の強さや運だけではなかったはずだ。どのようにして組織のトップとなり得たのか。そして、多くの家臣や領民を預かるトップとして、どのような考え方や生き方を貫いたのか。本書が、組織のトップやこれからトップを目指す人の一助になれば幸いである。

宇野　秀史

目次

目次

第二章　秀吉を支え、戦国時代を駆け昇る

【トップの資質　其ノ二】

現状分析と問題解決力／諦めず、成功するまでやる／ブランド構築／広告費を惜しまない／常識に囚われない

余録　改易、そしてその後の田中氏

戦国時代は、身分の上下に関係なく立身出世を実現できた時代だった。全国の個性豊かで魅力的な武将たちが自分の夢を描き、自分の時代を切り開くことができた。田中吉政は、そうした戦国の乱世に生まれ、天下人となった豊臣秀吉に取り立てられ、近江の土豪から岡崎一〇万石の大名となった。

秀吉の死後は、徳川家康と共に関ヶ原を戦い、敵軍の大将格であった石田三成を捕らえた。その功績により筑後国三二万五〇〇〇石の大大名にまで駆け昇り、昇龍のごとき立身出世を果たした。

初代筑後国主として九州に入ってからは、時に洪水を伴い荒れ狂う筑後川や矢部川、有明海の水害から民を守る治水事業を進めたのをはじめ、現在の柳川市と周辺都市の基礎を作り上げた人物として、「土木の神様」とも称されている。

第一章　天下人との出会い

トップの資質　其ノ一

■企業として生き残る道を探る

社会的な秩序や価値観が崩壊し、混沌とした戦国時代。家を率いる武将には、どうすれば一族が生き残っていけるのか、その道を切り開く力が求められた。

バブル崩壊から空白の一〇年、二〇年ともいわれる低迷期を経験した日本企業は、様々な合理化や効率化によって厳しい時代を生き抜いてきた。しかし、これからの日本は、人口の減少による市場の縮小や生産労働人口の減少、高齢化といった国内問題に加えて、ＴＰＰやアジア経済圏の台頭による国際競争の激化など、様々な現象が日本の中小企業にも影響を与える時代となる。さらに、経済が複雑化することで経営者には、これまで以上に高い資

質が求められるようになるだろう。

これから起業する経営者予備軍も含め、企業の経営者は業種やエリアなど、どの方向に進むのか、そこで何をどのようにするのかという方針を明確に示さなければならない。また、混沌とした今の時代には、働く従業員や周りの関係者にわかりやすい「大義」を示すことも必要だといえる。

企業は人が力となるが、従業員が持っている力を存分に発揮するためには、安心して仕事ができる環境を用意することが不可欠であるし、そのことがまず、経営者には求められる。

その上で理念や価値観を共有し、同じ目的を達成するために全力を出す方法を研究することが必要ではなかろうか。

吉政の出生

初代筑後国主・田中吉政（たなかよしまさ）は、天文一七（一五四八）年、田中重政（しげまさ）と浅井郡国友の地侍国友與左衛門（くにともよざえもん）の姉の長男として生まれた。出生地は、近江高島郡田中村（現在の滋賀県高島郡安曇川町）という説や浅井郡三川（現在の滋賀県東浅井郡虎姫町三川）とする説があるが、高島郡田中村は琵琶湖の西側、浅井郡三川村は琵琶湖の北側に位置することから、いずれにしても吉政が琵琶湖周辺で生まれたことは確かなようだ。この時代の大名は、出生がはっきりとしていない者が少なくないことから、吉政の出生について諸説あるのも不思議ではない。

また、家系については、帰農していたとする説や源氏の流れを汲む侍だったなど、こちらも諸説あるが、本書では近江国の守護佐々木氏の本家筋、高島田中氏をそのルーツと考える。吉政は、家紋として「左三つ巴」以外に「一つ目結い」紋（釘抜き紋ともいう）などを用いた。「一つ目結い」紋は、佐々木家の家紋である「四つ目結」紋と似ていることからも、田中氏が佐々木氏の流れを汲んでいる可能性もある。佐々木氏は、近江国を発祥の地とする宇多源氏の流れであり、その中でも佐々木氏は繁栄し各地に支族を広げたという。

吉政の祖父崇弘（たかひろ）のころには、東浅井郡虎姫町の三川に屋敷を構える土豪として田中姓を名乗っていたようだから、田中氏は近江国の中で、土豪として地域を治める立場

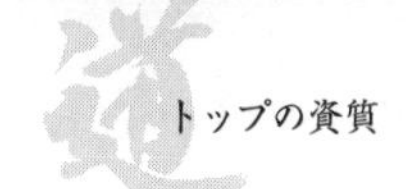

にあったのではないかとも考えられる。
吉政が生まれた時代は、下克上が横行しそれまでの価値観や制度が崩壊、誰でも自分の力で出世できた混沌(こんとん)とした戦乱の世であった。また、吉政が生まれた近江は、地理的にも都に近かったため、チャンスがあれば「我こそが天下を治めん」という気概を持った武将が大勢いたことも、後の吉政の人生に大きな影響を与えることになる。
当時の近江は、守護として地域を治めていた京極(きょうごく)氏の勢力が弱まり、京極氏の家臣であった浅井氏が京極氏の家来や宮部・国友・石田などの地侍を束ね勢力を強めていた。
この頃は織田信長がまだ一五歳、豊臣秀吉は一一歳と幼い。むろん、秀吉が信長に仕官するよりずっと前である。徳川家康は二人よりもさらに若く、当時六歳位で尾張の織田信秀に人質として預けられていたので、戦国の乱世を制し天下統一へ導いた、いわゆる〝三英傑〟はまだ、歴史の中心にはいなかった。

社僧、宮部継潤に仕える

田中吉政は、豊臣秀吉に重用され中央集権体制を築いた豊臣政権の中枢メンバーの一人として活躍した人物だが、最初に仕えたのは、宮部善祥坊（みやべぜんしょうぼう）（善祥坊とは法名）継潤（けいじゅん）だった。継潤は名を孫八といった。孫八は浅井郡宮部村の宮部善祥坊清潤の養子となった。

九歳になった孫八は比叡山で修行し、剃髪して継潤と称するようになる。その後、比叡山を下り宮部に帰って父清潤の跡を継ぎ、湯次神社（ゆつぎじんじゃ）の社僧となる。継潤二〇歳であった。社僧とは、神社で仏事を修めた僧侶のことで、武器を蓄えていたものもあったという。継潤は、湯次神社近くに鎮座する宮部神社を修築して城塞化し、土豪として自立した。そして、北近江で勢力を拡大していた浅井久政（あざいひさまさ）に仕えた。

田中家が宮部家の家臣になった経緯は定かではないが、おそらく、継潤が浅井氏の下で勢力を強めるにつれ、田中家としても無視できない存在になったのであろう。田中氏は領地の安全を確保するため、勢いのあった継潤を頼り家臣になったと考えるのが、当時としては自然な流れではなかろうか。

浅井氏は、継潤が仕えはじめた久政から長政が家督を継ぎ、永禄三（一五六〇）年の野良田の戦いで六角氏を破り、近江で力をつけていた。加えて、近江で急速に勢力を拡大していた織田信長の妹お市と結婚し姻戚関係を築くことで、自らの領国支配を盤石なものにしようとしていた。

信長の天下取り

永禄二（一五五九）年、信長は二六歳で尾張を統一すると、翌永禄三（一五六〇）年には桶狭間（おけはざま）の戦いで強大な勢力を誇っていた今川義元（いまがわよしもと）を打ち破り、時代の風雲児となった。

敵対する武将を次々に破り勢力を拡大する信長は、隣国で脅威となっていた美濃国（現在の岐阜県）の斉藤氏を倒し、室町幕府第一五代将軍に足利義昭（あしかがよしあき）を擁立して上洛し天下統一を果たすという野望を抱いた。

信長が上洛するためには、尾張から京に上る途中で浅井の領地を通過しなければならない。そこで信長は、浅井氏と同盟を結ぶことで、京までの安全を確保しようと考えた。また、美濃の斉藤氏については、浅井氏も対策に頭を痛めていたため、浅井氏との同盟を築くことができれば、斎藤を倒し都に向かう進路の安全を確保するという、この二つの課題を解決することができる。信長としては、是非とも浅井との同盟を実現させたかったに違いない。そこで、信長は妹のお市と浅井長政との婚礼を進めたのだ。

一方の長政は、力を持った信長との同盟を結ぶことで周辺国からの侵略を防ぐことができる。領国支配を強化したいと考えていた長政にとっても、信長との同盟は渡りに船であったに違いない。

こうして永禄一〇（一五六七）年、織田と浅井は同盟を結ぶことに成功した。同盟を結んだ信長は、斎藤龍興の稲葉山城を落とした。美濃国を手中に収めた信長は、この地を「岐阜」に、稲葉山城を岐阜城と改め自らの居城とした。美濃を手に入れたことで、信長の天下統一への可能性は高まった。信長が「天下布武」の印を用い始めたのは、この頃からである。

浅井の裏切りと姉川の戦い

永禄一一（一五六八）年九月二七日、信長は足利義昭を奉じて京に入った。上洛を果たした信長は、義昭を室町幕府の第一五代将軍に就けることに成功する。そして、

翌永禄一二（一五六九）年、将軍となった足利義昭のために二条城を建て、将軍の御所とした。こうして信長は天下人への階段を一気に駆け登りはじめた。

将軍の御所を建てた信長は、元亀元（一五六〇）年四月一四日に諸将を招き二条城の落成を祝った。このことは信長の権威を広く世の中に知らしめることになったが、その場に朝倉義景の姿はなかった。信長は将軍義昭の命令として上洛を促したが、義景は応じなかったのだ。

義景はなぜ、将軍の命令に従おうとしなかったのか。朝倉家は戦国大名の中でも名門といわれた越前（現在の福井県）を治める有力大名で、足利将軍家とも非常に親密な関係にあった。

義昭が信長の力を借りて上洛を果たす三年前の永禄八（一五六五）年五月一九日、一四代将軍・足利義輝が松永久秀、三好三人衆によって暗殺されるという事件が起きた。義輝の弟義昭は、兄を殺した松永久秀によって矢島御所を追われることになり、越前の朝倉を頼った。義昭はそこで元服する。義昭と朝倉家はそれほど密接な関係にあった。義昭には朝倉の支援を得て都に戻り、足利政権を守りたいという思いがあった。そのために義昭は度々、朝倉義景に上洛を求めたが、なかなか動こうとしない。

しびれを切らした義昭は、信長を頼り上洛を果たしたというわけだ。そのような経緯があったため、朝倉義景は信長の上洛要請に対して応じようとしなかったのであろう。

信長は、これを口実に同年四月二〇日、徳川家康との連合軍で朝倉討伐を開始する。この朝倉討伐に頭を痛めたのが浅井長政だった。長政は、信長の妹お市を妻に迎え織田家と親戚関係にあった。ところが、朝倉家とはもっと古くから同盟を結んでおり、その関係は遡ること長政の祖父亮政(すけまさ)時代に及ぶ。浅井家の居城である小谷城の一郭にある金吾丸は、亮政が朝倉軍のために建てた宿営場だというから、両家の関係の深さは相当なものだ。

この時代、寝返りや裏切りは決して珍しくなかった。それどころか、領地と一族、領民を守るための処世術として、家の主には時代の変化や自分たちを守ってくれる強い武将を見極める力が求められていた。そのような時代に、自分の城内に他家の軍隊のために宿営場を設けるというのは、非常に珍しいことだといえる。浅井家と朝倉家はそれほどの関係であった。長政は織田信長と朝倉義景との板ばさみとなり、悩ましい選択を迫られることとなった。結局、長政は代々同盟関係にある朝倉を選んだ。

長政の裏切りは、信長にとってはまったくの想定外だったに違いない。まさか、自

分が妹婿の長政から裏切られるとは思いもよらなかったであろう。信長が長政の裏切りを知ったのは、織田・徳川軍が朝倉軍を攻撃している最中だったが、報告を受けた信長は、その情報をなかなか信じようとしなかった。それでも、朝倉の要請を受けて、浅井軍が信長に兵を向けたことを知ると、さすがの信長も事態を受け入れざるを得なかった。

信長は、朝倉に対し優位に戦いを進めていた。しかし、浅井軍に背後を奇襲され朝倉軍との挟み撃ちにされたことで、織田・徳川軍は一転、窮地に立たされた。こうなっては、いかに織田・徳川軍といえども敗北は明らかだった。信長は敗北を覚悟し、なんとか京へ逃げ帰る。

長政の裏切りは、まさに突然の出来事であり、寝耳に水だった。しかしそれは、信長だけではなかった。この騒動に巻き込まれたのが、近江の宮部、国友、石田などの地侍たちだった。彼らの多くは、突然のことに戸惑い、情報を得たり冷静に状況を分析する時間的な余裕もなかったことから、それまでの地縁的なつながりにより浅井長政に従い、その後の姉川の戦いに参加せざるを得なかったと思われる。もちろん、田中氏も浅井の家臣であった宮部継潤に従い、浅井軍として参戦した。

先の敗戦で京へ戻った信長は、浅井・朝倉氏に報復するための軍備を整えようと、いったん岐阜に戻る。そして、二カ月後の元亀元（一五七〇）年六月一九日、二万の軍勢を率いて近江に向け侵攻を始めた。途中、六角軍と交戦となるがこれを一蹴し、虎御前山（とらごぜんやま）に陣を敷くと小谷城の城下町を焼き払った。そして、二四日には小谷城から姉川を隔てて南に位置する横山城を包囲する形で、竜ヶ鼻に布陣する。

対する浅井・朝倉軍は姉川を挟んで大依山（おおよりやま）に陣を敷いた。織田軍には徳川家康の軍も合流しその数二万八〇〇〇。対する浅井・朝倉軍は一万八〇〇〇と織田・徳川軍が数において圧倒的有利に思えた。しかし、戦いが始まると浅井軍が織田軍を追い詰めるなど互角以上に戦った。それでも、徳川軍が朝倉軍を圧倒し、織田軍に加勢すると戦局が一変し、浅井軍が崩れ始める。

そこで、長政は体制を立て直そうと小谷城に逃げ帰り籠城の構えをとる。当然、織田軍は追撃するが、小谷城を一気に攻め落とすのは難しいと判断し、信長は横山城下へと戻り横山城を落とす。そして、信長は横山城に羽柴秀吉を残し、いったん岐阜に戻った。こうして、姉川の戦いは織田・徳川軍の圧勝で終わったが、浅井軍が小谷城に立て籠もったことで長期戦の様相を呈し、結局、この戦いに決着が付くまでに三年を要したのだった。

信長VS反信長勢力

信長が姉川の戦いから浅井を滅ぼすまでに三年もの期間を要した背景には、反信長陣営の連携などがあった。浅井軍が小谷城に籠城し長期戦の様相を呈してきた頃、姉川の戦いのわずか二カ月後だが、石山本願寺が反信長ののろしを上げる。信長との戦いに負けた浅井、朝倉、六角、三好三人衆（三好長逸（ながゆき）・三好政康（まさやす）・岩成友通（ともみち））らと示し合わせて石山本願寺の顕如（けんにょ）が仕掛け、反乱を起こさせたのだった。浅井・朝倉軍と戦っていた信長ではあったが、これら反信長勢力を放っておくわけにもいかない。なんとも悩ましい問題であった。

反信長勢力を操る顕如は、大坂の石山本願寺を拠点とし、畿内を中心に勢力を拡大し大名にも匹敵するほどの力を持っていたといわれる。顕如と信長の仲は、はじめから悪かったわけではなかったが、顕如と本願寺の力が増大するのを警戒した信長が、次第に顕如に圧力をかけるようになった。顕如はそうした信長に反発し敵対するようになる。

文亀元（一五七〇）年八月、信長は三好氏攻めのために進軍する。これに対して、顕如は、本願寺門徒に檄を飛ばし摂津福島に陣を敷いていた信長軍を襲い、淀川堤で信長軍と激突する。ここでは織田軍が優勢に戦いを展開し、本願寺軍は石山本願寺に籠城した。こうなれば力をもって一気に制圧するか兵糧攻めでじわじわと追い込むところだが、信長は将軍義昭を仲介として顕如と和議を結び岐阜に戻った。

この頃の信長は、顕如との長期戦を避けたかった。なぜなら、摂津で戦っている信長軍の隙をついて織田軍の防衛線を突破した浅井・朝倉軍が京に迫る勢いだったからだ。そこで信長は浅井・朝倉軍の京入りを防ぐために、摂津から京に戻る。信長が京に戻るという情報を得た浅井・朝倉軍は、比叡山に退き延暦寺を味方に付け籠城する。

籠城となれば、長期戦になることは必至。それを周りの反信長勢力が知れば、好機とばかりに各地で兵を挙げるだろう。伊勢長島では願証寺の門徒が一向一揆を起こす。六角義賢は南近江で兵を挙げる。三好三人衆も京を伺う。こうした状況を問題視した信長は一二月一三日、延暦寺に籠城していた朝倉義景との間に和議を結ぶことで、事態の収拾を図った。

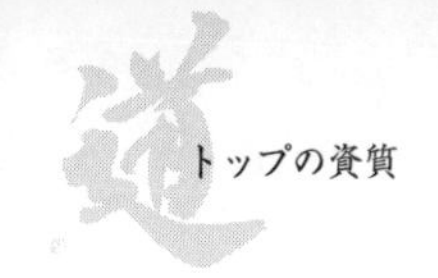

信長包囲網ともいえる抵抗勢力の連携は、信長と将軍義昭との反目が元々の原因でもある。信長の後ろ盾を得て京に入り、将軍職に就くことができた義昭であったが、次第に信長との仲が悪化する。そこで義昭は、甲斐国の武田氏をはじめ浅井、朝倉らに反織田勢力として協力し合うよう要請する。本願寺の顕如も義昭の要請に応じ、友好関係にある土豪勢力や各地の門徒衆を動員して信長包囲網に加わった。

しかし、信長を苦しめたこの包囲網も元亀四（一五七三）年四月に、武田信玄が急死したことによって勢いを失い、信長の力に押しつぶされていく。

浅井との決着　宮部継潤と共に信長の家臣となる

将軍義昭による織田包囲網に悩まされながらも、信長は敵対勢力を制圧していく。元亀二（一五七一）年二月二七日、浅井氏配下にあった佐和山城の磯野員昌が調略によって信長軍に降ると事態が動き出した。羽柴秀長（秀吉の弟、後の豊臣秀長）が佐和山城に入り活動を始める。

同年一〇月、田中吉政が仕える宮部継潤が秀吉の調略により信長軍に降った。宮部氏が信長軍に加わったことは、この戦いにおいて大きな意味を持つものだった。宮部氏の宮部城は浅井長政の小谷城と秀吉が居る横山城との間に位置し、両軍を隔てる姉川を越えて小谷城側にあった。しかも、宮部城から小谷城まではわずか三キロメートル程の距離だ。宮部城を押さえられた浅井長政にとっては、大きな心理的負担となったに違いない。

宮部氏を調略することに成功した秀吉は、宮部継潤をさらに味方とするために自分の養子秀次（当時三歳）を継潤の養子に出している。いわゆる人質である。宮部が秀吉に従い信長軍に降ったことで、田中親子もまた織田の家臣となった。このことは、吉政にとって時代を駆け上がる大きな一歩となる。

秀吉は横山城に入ると、浅井側の武将との関係を築き、次々と調略していく。そして、ついに浅井氏を孤立させてしまった。秀吉が得意とした「戦わずして勝つ」という戦法が威力を発揮したわけだ。

元亀三（一五七二）年七月、信長は小谷城の目と鼻の先にある虎御前山（とらごぜんやま）に砦を築いた。しかも、地域の住民を雇い宮部城から虎御前山に至る軍用道路（要害）をつくってしまった。道路といっても、その規模は高さ三メートル、幅五・四メートル、長さ五・

五キロメートルに及び、道路としての機能だけでなく、道路の横に掘割を作って水を入れ、防塁も兼ねたものであったと思われる。それを小谷城にいる長政の目の前で堂々とやってのけるあたりに信長のすごさを感じずにはいられない。

この軍用道路（要害）の建設を目の当たりにした長政は、信長の恐ろしさを改めて感じたことだろう。いたたまれなくなった長政は、朝倉義景に早く出馬してくれるよう要請する。しかし、義景はなかなか動こうとしない。それどころか、義景は朝倉景鏡（かげあきら）を残し越前に帰ってしまう。

苛立つ長政であったが、そこへ朗報が舞い込む。反織田勢力が各地で挙兵し、織田軍の戦力を分散させているところへ、甲斐の虎の異名で恐れられた武田信玄が上洛を目指して出馬するというものだった。

厳しい戦局を変える好機と見た長政は、この機を逃すまいと元亀三（一五七二）年一一月三日、朝倉景鏡と討って出る。そして、信長が築いた虎御前山から宮部城までの軍用道路を取り壊すと、宮部城を取り囲んだ。これに対し宮部は城門を開き討って出る。そこへ秀吉も虎御前山の砦から応援に駆け付け、挟み撃ちにして浅井軍を撃退した。

そうした織田、浅井間の長い戦いに決着がつく時がきた。天正元（一五七三）年、浅井の重臣である阿閉貞征（あつじさだゆき）が寝返った。その報せを秀吉から受けた信長は、直ちに近江に向かい虎御前山に陣を敷く。そして、朝倉軍を収容するための施設となっている大獄の砦を落とし、越前からの援軍を遮断した。

浅井長政から要請を受けた朝倉義景は、自ら出陣するが、大獄の砦が信長の手に落ちたことを知ると退却する。信長軍は逃げる義景軍を追い、敦賀城（つるがじょう）（福井県敦賀市）を落とすなどして追い詰めると、義景は一条谷へ戻るも、ついにその後自刃した。

勢いに乗った信長は、浅井長政を討ち取るべく近江に戻る。この時、小谷城攻撃の先陣を任されたのが秀吉であった。秀吉は八月二九日の夜、長政のいる本丸と父久政がいる京極丸を攻めた。浅井軍の敗色が濃くなり父久政が自刃すると、長政は妻のお市を秀吉方に送り出し、自らは自刃した。この時の秀吉軍には宮部継潤と共に田中重政・吉政親子も加わっていたと思われる。

秀吉はこの戦いの功績が認められ、浅井長政が支配していた河北三郡、一二万石を拝領し小谷城の主となった。大名となった秀吉の出世に引っ張られるように宮部継潤は三一〇〇石、田中吉政も三〇〇〇石を与えられている。時に秀吉三六歳、吉政二六歳

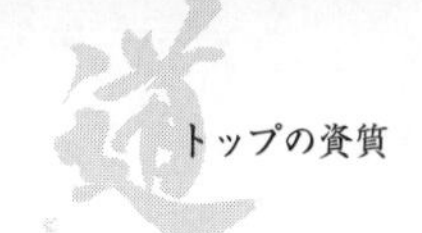

であった。

宮部氏は、秀吉の調略により浅井から寝返り信長の家臣となった。そのため、最初は信長が秀吉に与力として付けていたようだ。宮部継潤が秀吉の直接の家臣となったのは、秀吉が城持ち大名になったこの頃だと考えられる。

秀吉は一二万石の大名に出世した。そのため、石高にふさわしい大勢の家臣団が必要になった。秀吉は自分の家臣にふさわしい優秀な人材の発掘に力を入れた。その中で、宮部継潤は自分が浅井・朝倉攻めに際し調略した人物であり、秀吉も継潤のことは評価していたであろう。当然、宮部軍の中で頭角をあらわしていた吉政についても知っていたはずである。

この時、秀吉の家臣となったことが、その後の吉政にとって非常に大きな影響を与えることになるわけだが、当時の吉政はそのようなことを知る由もない。

秀吉が入った小谷城は、自然の地形を活かした山城として守りに長けていた。しかし、秀吉は琵琶湖から離れていることなどに不便さも感じていたようであった。秀吉は戦いのことだけでなく、城下町が繁栄する街づくりを考えていた。楽市楽座など信長の新しい国づくりを見てきたこともあり、自分の領国でも活気のある国づくりを目指した。そこで、琵琶湖の地形を最大限利用し、城下町を繁栄させることができる利便性に優れた場所として、今浜（現在の長浜、秀吉が改名）の地を選んだ。

今浜は水路、陸路に恵まれ、まさに商流の拠点とするにふさわしい。天正二（一五七四）年、秀吉はこの地に長浜城を築き、小谷城下から寺院や商人を移し長浜城下町を形成し、長浜発展の基礎を築いた。

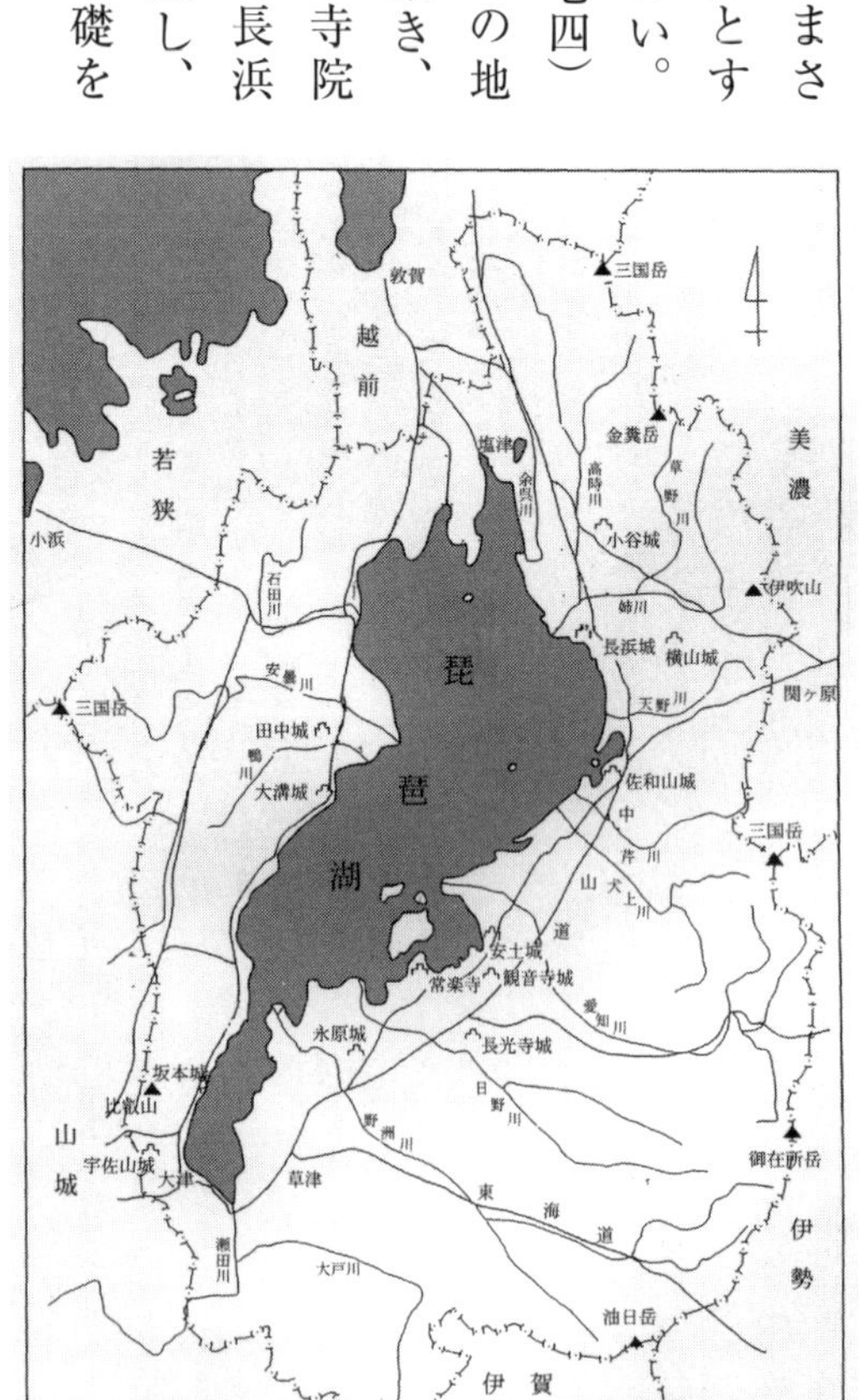

琵琶湖周辺の吉政ゆかりの地（『長浜市史』）

第二章　秀吉を支え、戦国時代を駆け昇る

トップの資質　其ノ二

■現状分析と問題解決力

トップには様々な力（スキル）が求められる。先見力、人間関係構築と調整力、自己管理能力など幾つもあるが、現状分析力とそこから見える問題や課題を解決する力も大切である。織田信長は、第一次木津川口の戦いで毛利水軍に完敗する。しかし、信長はそこで負けた原因を分析し、問題点を明確にした。そして、その問題を解決し、わずかな期間に毛利軍を圧倒する船をつくり上げ、第二次木津川口の戦いでは信長水軍が圧勝を収めた。問題にぶつかった際、トップには現実的で合理的な思考、さらに迅速に行動に移す実行力が求められる。

■諦めず、成功するまでやる

物事を成し遂げ、成功者といわれる人の多くは生まれながらにしてその道が約束されていたのであろうか。確かに成功者には何らかの才能が備わっていたかもしれない。しかし、そうした才能の中で、最も求められる才能は、成功するまで諦めずに努力し続けるということではなかろうか。

豊臣秀吉は、徳川家康に身内である妹や母親まで人質に差し出し、家康が上洛し臣従しなければならない環境をつくった。

企業経営や組織運営でも、上手くいかないことは多い。しかし、トップが必ず成功するという強い思いを持ち、諦めずに戦い続ける信念を示し、努力し続ければ道が開けることも多々ある。逆にトップが諦めてしまえば、従業員や関係者の士気は下がり、自ら可能性を潰してしまう。トップは、何があっても諦めず、明るく、挑戦し続ける姿を見せていたい。

■ブランド構築

戦国武将は、旗印や甲冑の色などで自らを誇示し、それを見ただけで、相手が戦意を喪失したという話が残っている。旗印や鎧で相手がひるむだけのブランドをつくり上げていたわけだ。

今日でも、ブランドをつくりそれを浸透させることは、企業にとって重要な経営課題の一つといえる。ブランドは、顧客や地域社会、関係者などの評価で決まるもので商品力や営業力だけではブランドは出来上がらない。企業としての価値観や方向性を全従業員が共有し、同じ方向を向いて進む。そして、それが周囲や関係者にも同じように伝わっていくことでブランドが出来上がってくるといえないだろうか。

やはり、ブランドを作り上げるには、企業理念や品質という企業の根本を明確にし、共有、浸透させる力がトップには求められるだろう。

■広告費を惜しまない

ブランドを構築するためには、広告展開は必要不可欠である。しかし、企業の多くは景気が悪くなるとすぐに、広告費を削りはじめる傾向にある。景気が悪い時ほど、広告費をかけるべきだろう。他社との差を付けるチャンスでもあるし、広告費も安く抑えることができる。

良い広告は、良く働く営業マンである。看板などは、二四時間会社をPRしてくれている。長く続けられる広告戦略を練ることが、長期的な売り上げにもつながる。

■常識に囚(とら)われない

人との付き合いや社会で活動する際に、一般的な常識を守った方が何かとスムーズに進む。しかし、企業活動において、起死回生の一打や大きな飛躍を遂げようと思えば、それまでの常識や慣習に囚われない視点やアイディア、行動などが必要になる。

　秀吉は湿地帯に囲まれ水に守られた高松城を水攻めで落とし、本能寺の変の直後には常識では考えられない速さで明智光秀を討つために「中国大返し」をやってのけた。独創的な発想は、脈絡もなく湧いてくるものではない。見聞きした情報や知識、体験したことの蓄積が新しい創造を生む。組織のトップには、常に様々な情報を収集、編集する能力も必要である。また、秀吉に独創的な策を授けた竹中半兵衛や黒田官兵衛がいれば、トップとして心強い限りだが、有能な人材を許容できるだけの器の大きさがトップになければ、人材をつなぎとめておくことは難しい。トップには人間力も求められる。

　また、現状に満足することなく、進化していく努力を怠らないようにしたい。現状維持は後退にもつながる。常に時代の変化に対応しながら、自らも進化し続けることが組織の力となる。

秀吉の信を得て、出世の道を歩みはじめる

秀吉の出世に伴い吉政も出世の道を上りはじめる。

天正四（一五七六）年、織田信長は安土城（滋賀県）の築城をはじめた。この時、秀吉は石垣づくりを命じられる。石垣に使う石は、観音寺山から切り出し、それを安土まで運ぶわけだが、石運びの指揮をとる一人に宮部継潤がいた。当然、吉政も継潤の下で石を運び出す現場の監督として働いていたであろう。

その石垣の施工を任されたのが、穴太衆（あのうしゅう）という石垣施工の高度な技を持つ石工集団だった。穴太衆は、その技術の高さを買われて安土城の石垣施工を行ったが、この実績により秀吉をはじめ多くの戦国大名の石垣を手掛けた。安土城の石垣づくりに携わっていた吉政も後に自分の城を持った時、穴太衆を呼び寄せ石垣をつくらせている。

〝土木の神様〟と称される吉政の城づくり、国づくりの考え方や知識の基礎は、先の小谷城攻めの際に信長が築いた軍用道路や今回の安土城の築城の現場に携わることで積み上げられたものだと思われるが、同時に、吉政の知識を吸収する能力の高さも

うかがえる。

中国攻め

天正四（一五七六）年、安土城の工事を進める最中、摂津の石山本願寺（現在の大阪府大阪市）を中心とした一揆が起きる。信長は荒木村重（あらきむらしげ）、細川藤孝（ほそかわふじたか）、明智光秀（あけちみつひで）らに石山本願寺攻めを命じる。石垣づくりの指揮をとっていた秀吉も摂津方面に向かうことになった。この時、秀吉は、石垣工事と防備のために弟の秀長、竹中半兵衛（たけなかはんべえ）、宮部継潤らを安土に残した。継潤はこのころ、秀吉の参謀役として重要なポストにいたようだ。

信長は石山本願寺を包囲し兵糧攻めを行った。しかし、信長の力が強大になったことを快く思わない毛利輝元（てるもと）が、石山本願寺に兵糧や弾薬を運ぶなど本願寺支援をはじめた。武器や食料など物資を運ぶのは船が適しているため、水上の覇権を握ることはこの戦いの勝敗を大きく左右する。天正四（一五七六）年、本願寺近くの海上を守っていた信長水軍は、毛利・村上水軍と戦った。このいわゆる第一次木津川口の戦いで、信長水軍は破れ、毛利軍に石山本願寺への補給を許してしまうことになる。

毛利が織田包囲網に加わったことで、信長は石山本願寺だけでなく毛利とも戦う必要に迫られる。この頃の吉政はというと、秀吉の甥にあたる九歳の御萬（後の秀次）の傅役（もりやく）として毛利攻めには加わっていなかったようだ。

天正五（一五七七）年一〇月、毛利を攻めるために秀吉は播磨（はりま）国（現在の兵庫県）の姫路城に入った。この時、秀吉に城を提供したのが、後に秀吉の参謀として活躍する黒田孝高（くろだよしたか）（通称：黒田官兵衛（くろだかんべえ）、出家後は黒田如水（じょすい））だった。秀吉は、この姫路城を本拠地とし三層の天守閣を築造するなど本格的な城郭づくりを進めた。さらに、城下町づくりにも力を入れ、商工業の発展を図った。

秀吉は姫路城を拠点に播磨・但馬（たじま）を駆けまわる。但馬では岩洲城（いわすじょう）（兵庫県朝来（あさご）市）や竹田城（兵庫県朝来市）を攻略するとともに、置塩城（おきしおじょう）の赤松氏や多くの国人衆を調略によって味方につけている。そうして攻略した中には赤松政範（まさのり）の上月城（こうづきじょう）もあった。この城は、毛利方にとって東方における最前線といえる非常に重要な拠点とみられていたため、毛利は奪還を図るにちがいないと秀吉は考えた。そこで、上月城の守りを尼子勝久（あまごかつひさ）らに任せた。

尼子軍は、三倍以上の毛利の大軍と対峙しても一歩も引けをとらない。数では劣っていたが、尼子軍は統率が取れ、戦慣れしていた。その中には、猛将として知られた山中鹿之助の姿もあった。繰り返し攻撃を仕掛けてくる毛利軍を鹿之助らが押し返す。そうやって、援軍が来るのを待った。

しかし、天正六（一五七八）年、信長に従臣し毛利攻めに加わっていた別所長治（べっしょながはる）が、反旗を翻し（ひるがえし）毛利方についてしまう。すると、別所の離反に多くの東播磨の豪族が同調し、別所氏の三木城（みきじょう）（兵庫県三木市）に入り籠城した。そのため、織田軍は主戦場を三木城へと移すことになった。秀吉は別所長治の三木城を包囲するが、その隙に毛利が上月城奪還のために城を包囲した。秀吉は、三木城の攻撃を続けながら、上月城を守る尼子軍の支援にも向かわなければならない。

上月城は毛利軍が大軍で取り囲み兵糧攻めを行っていたため、秀吉は信長に援軍を求めた。しかし、信長の指示は「あくまでも三木城の攻略に絞る」というものだった。上月城は信長から見捨てられた形となった。それでも秀吉は上月城の味方を守りたいと、別部隊として但馬平定に向かっていた秀長を上月城に向わせたが、結局、兵士の助命を条件に尼子勝久は自刃し開城・降伏してしまう。

秀吉の毛利攻めは苦戦を強いられ、長期戦となった。三木城を包囲した秀吉軍は兵糧攻めを行ったが、守りが堅く簡単には近寄れない。しかもその間に、荒木村重が石山本願寺と手を結び織田方から離反。さらに、波多野秀治が反乱を起こしたため、秀吉は三木城を包囲しながら、自軍の一部を反乱の鎮圧に向かわせるなど、兵力を分散される苦しい戦いを続けていた。

反信長勢のこうした反乱によって、毛利軍が勢力を盛り返す。甲斐の武田勝頼と組んで織田を挟み撃ちにし、東進しようと画策する。しかし結局、毛利は織田軍に対して積極的な攻撃をしかけることをしなかった。というよりもできなかったのだろう。信長は、豊後（大分）の大友義鎮（宗麟）と手を組み、毛利の重臣であった豊前松山城（福岡県京都郡）城主、杉重良が大友側に寝返るよう仕向けた。そして、杉重良は北九州で兵を挙げた。こうして背後を脅かされてしまうと、毛利としても身動きが取れない。

しかも天正六（一五七八）年一一月、第二次木津川口の戦いで毛利水軍は信長水軍に大敗してしまう。天正四（一五七六）年の第一次木津川口の戦いで敗れた信長は、毛利方の焙烙火矢という現代の手榴弾のような火薬を使った兵器に対抗できなかったことが敗因だと分析していた。そこで、焙烙火矢が効かない大型の鉄甲船を六隻建造させ、これに大筒・大鉄砲を装備させた。二年後の天正六（一五七八）年、第二次木津川口の戦いで信長水軍は毛利方の水軍に大勝した。先の戦いで負けた理由を分析し、わずか二年で敵を上回る力を付けた信長という武将が戦国武将の中でいかに抜きんでていたかがうかがえる。

その後、毛利方についていた宇喜多直家（うきたなおいえ）が離反。兵糧攻めによって三木城が落ち、織田から離反した荒木村重らも滅び、石山合戦は終結する。こうして信長包囲網が崩れると、毛利の勢力も大幅に縮小していった。

鳥取城攻め　戦わずして勝つ

吉政は宮部継潤とともに主君である信長、そして秀吉、この二人の武将の下で頭角を現わしていく。

さて、信長に中国攻めを任されている秀吉は、三木城を落とすと天正九（一五八一）年、今度は三万の軍勢を率いて鳥取へと侵攻する。当時、鳥取城には山名豊国（やまなとよくに）がいたが、娘を捕らえられ早々に降参、秀吉もいったんは兵を引き上げた。しかし、山名の家臣たちは納得せず、鳥取城に立て籠ると毛利に助けを求めた。毛利側もそれに応えて吉川経家(きっかわつねいえ)を鳥取城に送り込んだ。経家が鳥取城に入ってみると、驚いたことに、城内に蓄えてあるはずの兵糧米など食料があまりにも少ない。

秀吉は鳥取城攻略にも兵糧攻めを用いた。しかも、鳥取城に米を備蓄させないよう城の周囲で米を買い集めさせた。それも、新米だけでなく他の米まで高値で買い取るという徹底ぶりだった。このため、近隣の米が無くなり、城にある米まで売ってしまう始末だった。

秀吉は食糧を取り上げ、鳥取城に海からの侵入ができないよう海側にも警備を敷き、海上からの連絡を絶った。陸路では鳥取城との行き来ができる雁金山(かりがねやま)との連絡を絶った。そして、城の周りには堀や土塁を築き、柵や兵をめぐらせ、城に出入りする隙間もなくし、鳥取城を完全に孤立させてしまったのだ。

こうなると後は時間の問題である。わずか四カ月で城内は飢餓状態に陥り、吉川経家は切腹して城を明け渡した。兵糧攻めは見事に成功し、秀吉軍は損害を出すことなく鳥取城を落とすことができた。

攻略した鳥取城に城代として入ったのは、田中吉政が臣従する宮部継潤だった。当時、継潤は山陰方面に展開していた秀吉の弟、羽柴秀長が率いる軍の参謀役を務めていた。鳥取城は、食糧などの物資を雁金山経由で運びこんでいたため、秀吉は継潤に雁金山の砦を落とすよう命じる。そこで継潤は、雁金山を襲撃した。この時、宮部の野党友田左近右衛門（ともださこんえもん）が一人山頂に到達し、国友与左衛門、田中吉政が続いて雁金山の砦を占拠するなどの功績を挙げている。

こうした働きが評価され、宮部継潤は五万石の領地と鳥取城を与えられた。宮部継潤に従って参戦していた田中吉政も一五〇〇石を与えられている。

秀吉の直臣

秀吉の甥・秀次は吉政とともに宮部継潤のもとにいた。秀次は浅井・朝倉との戦いの頃、秀吉から継潤に養子として預けられていたが、その後、三好氏の養子となり、成人してからは秀吉のもとに戻っている。中国攻めにも秀次は継潤と共に加わっていた。既に立派な若者に成長していたが、鳥取攻めの後も鳥取城主となった継潤のもとに吉政と共にとどまっていたようだ。

そんな折、秀吉が秀次を送り返すよう命じてきた。さらに、友田左近右衛門か田中吉政のどちらかを秀次に付けるよう求めた。この二人、宮部家では才覚、勇猛ぶり共に並び劣らぬ人材であると評されていたほどだから、そのことを秀吉も知っていたであろう。できれば、秀次の傅役として、自分の下に置きたいと考えたとしても不思議ではない。

秀吉の要求とはいえ、継潤も悩んだであろう。田中吉政は、宮部家中で頭角を現わしていたし、友田左近右衛門は、継潤の初期のころからの家来である。継潤が鉄砲で撃たれて負傷した際に継潤を担いで戦場から脱出するなど、最も頼りになる家臣であった。思案の末、継潤は吉政を送り出した。

どちらか一人という言い方をしたが、継潤が左近右衛門を手放すはずがないことを秀吉は予想していたはずである。そう考えると、秀吉は最初から吉政を自分のもとに引っ張ろうと望んでいたのではないかとも思われる。

そうして、秀吉の家臣となった吉政は、秀次の付家老（つけがろう）となる。ここから、田中吉政という武将が表舞台に登場することになる。

中国大返し

鳥取城を落とした秀吉は、弟秀長、宮部継潤らに山陰地方への侵攻を命じ、備中高松城を攻めた。高松城を攻めるにあたり、秀吉は備前岡山の領主で毛利から織田の傘下に入っていた宇喜多秀家と連携を図る。そして天正一〇（一五八二）年三月、秀吉は備中高松城（岡山市北区高松）攻略のために二万の軍を引き連れて姫路城を出た。

秀吉は直接交戦ではなく、調略によって高松城の清水宗治を従えようとしたが、宗治は調略に応じようとしない。そこで、秀吉は四月、宇喜多秀家の岡山城に入り、宇喜多軍一万と合わせて三万の軍勢で高松城を攻める。

この時も秀吉は得意の兵糧攻めを行なう。高松城は、山城と違って平城で低湿地帯を利用した沼城であった。見通しが良く、一見すると山城に比べて攻めやすそうではあるが、安易に城に近づこうとすると湿地に足を取られてしまう。そこを狙われては、味方の犠牲は甚大なものとなる。簡単には近寄れないのが高松城だった。

高松城を攻める秀吉軍に対抗するため、毛利軍が四万の軍勢で近づいているという情報が入った。秀吉は信長に援軍を要請するが、時間がかかってしまう。思案に暮れる秀吉に「水攻めの策」を進言したのが、黒田孝高（官兵衛）であった。官兵衛の策は湿地帯という地形を逆手に取った奇策であった。官兵衛は、高さ七メートル、四キロメートル四方に及ぶ堤防を築いた。そこに足守川（あしもりがわ）の水を引き入れて城の周囲を水で満たし、高松城を湖に浮かぶ孤島のごとく完全に孤立させてしまおうと考えたのだ。

秀吉は官兵衛の進言を聞き入れすぐに堤防づくりに入る。以前、浅井長政を小谷城に攻めたてたとき、虎御前山から宮部城までの五・五キロメートルに及ぶ堤防を築いた経験があった。その経験を活かし、着工からわずか一二日で完成させた。そこへ足守川から水を引き込むと、官兵衛が考えた通り、高松城をとり囲む人工の湖ができ、高松城は周囲から孤立してしまった。これでは、清水を支援する毛利もうかつには手を出せない。城内の兵士たちの士気は下がり、高松城が落ちるのは時間の問題だと思われた。

ところが、事態は急変する。秀吉が高松城を攻めている最中、天正一〇（一五八二）年六月二日、主君信長が本能寺（ほんのうじ）で明智光秀（あけちみつひで）の謀反によって自害する、いわゆる本能寺の変が勃発したのだ。秀吉は本能寺の変の翌日、明智光秀が毛利方に送った使者を捕らえた。その使者は密書を携えており、明智光秀が謀反を起こし、信長が京都の本能寺で命を落としたという内容が記されていた。

信長の死を知った秀吉は、すぐさま光秀を討つことを決断する。しかし、清水や毛利との戦いの最中だけに、いきなり兵を引き上げるわけにもいかない。信長の死が知れれば、敵方を勢いづけることになるため、このことは毛利には知られてはならない極秘事項だった。そこで秀吉は、勝ちが見えていた高松城の清水宗治は切腹、毛利の領地を大幅譲歩するという条件を提示し毛利との和睦を結ぶと、すぐさま京に戻る有名な「中国大返し」を開始した。

大返しが始まったのは、天正一〇（一五八二）年六月六日の午後と思われる。秀吉はその日のうちに二〇キロメートル余を移動し、備前・沼城（ぬまじょう）（岡山市）に入る。翌七日は、早朝より出立し翌八日の朝には姫路に到着した。実に五〇キロメートル余の距離を走破した。一日休息をとり、翌九日には移動を再開、一一日の朝には、尼崎に着く。この二日間で八〇キロメートルを走り抜いた。そして、翌一二日には高槻（たかつき）の富田まで進み、一三日には天王山の戦いに臨んでいる。備中高松城から山城（やましろ）国山崎までの距離は約二〇〇キロメートルに及ぶ。この距離を二万もの軍勢を引き連れて、それもわずか一〇日足らずで移動しているのだ。

当時は、兵のほとんどが歩兵である。彼らは武器や装備などを運びながら移動する。短期間にこれだけの距離を大軍で移動するなどというのは、信じられない早さだったに違いない。物資は船で運んだという説や、移動の妨げとなる荷物を途中で捨て、できるだけ身軽な状態で移動速度を上げたという説もある。身軽にしたといっても、今のように道路が整備されているわけではないし、足を守る靴のようなものもない。わらじを履いての移動である。やはり、秀吉がやってのけた中国大返しは、当時の常識では考えられないものだった。

天王山の戦いと信長後継者問題

秀吉は中国大返しの途中、周辺の織田系武将に「この戦いは、信長様の敵討ちであるから戦いに加わってほしい」と要請している。この秀吉が掲げた信長の敵討ちという大義に多くの武将が加わり、備中を出たころは二万ほどだった軍勢が、決戦時には二万七〇〇〇、(一説には四万ともいわれている)にまで膨れ上がった。

秀吉は、信長の息子神戸信孝と共に二万七〇〇〇の兵、対する明智光秀の軍は加勢する武将もなく一万八〇〇〇と、秀吉軍が光秀軍を数においてかなり上回っていた。加えて、洞ヶ峠で日和見をしていた筒井順慶が秀吉側に味方して光秀軍に攻め込んだため、天下分け目の戦いはわずか一日で秀吉軍に軍配が上がった。

天王山の戦い（山崎の戦い）には、吉政も秀吉の直参として加藤清正や福島正則、山内一豊らと共に秀吉軍の本隊に属して戦った。秀次も吉政と共に戦ったと思われる。

天王山の戦いの後、天正一〇（一五八二）年六月二七日、尾張国清洲城（愛知県清須市）で戦後処理のための会議「清洲会議」が開かれた。集まった織田家家臣は羽柴秀吉、柴田勝家、丹波長秀、池田恒興の四人。この時、信長の後継者問題が話し合われたが、信長の三男・織田信孝を担ぐ柴田勝家と、信長の嫡男として信長を支えた織田信忠の子である三法師（織田秀信）を担ぐ羽柴秀吉との間で対立が生じた。結果は、三法師が後継者に決まった。三法師を担いだ秀吉が信長後継者としての座を勝ち取り、実権を握ることに成功したのだ。

しかし、信長に古くから仕えてきた重臣や大名たちにとって、成り上がりの秀吉が信長の実質的な後継者となることが面白いはずがない。柴田勝家はその反秀吉の代表格だった。清洲会議で、織田家重臣の筆頭であった柴田勝家の発言力が低下し、代わって秀吉の発言力が最も強くなったのだから、勝家としては黙っておられるわけがない。この清洲会議での秀吉と勝家との対立は火種として残り、近江国伊香郡（現在の滋賀県長浜市）の賤ヶ岳で、両者は激突することになる。

天正一〇（一五八二）年一一月、勝家は越前（福井県）にあって、雪のため進軍できないことから秀吉と和睦を結ぼうとする。しかし、秀吉は和睦を反故にし、勝家の姉の子で長浜城の守備を任されていた柴田勝豊を包囲すると、勝豊はあっさりと降参してしまう。翌一一年二月、秀吉は伊勢（三重県）の亀山城を落とす。秀吉が伊勢にいることを知った勝家の甥・佐久間盛政が近江に出陣。この知らせを聞いた秀吉は急きょ、近江に引き返し賤ヶ岳近くに陣を敷く。この時、田中吉政は秀次の六番隊に属していた。

両軍ともに激しく戦うが勝家に付いていた前田利家が戦線から離れてしまうと、勝家は不利な状況となる。天正一一（一五八三）年四月二四日、勝家は自刃、次いで織田信孝も自刃した。こうして秀吉は、自分に敵対する最大勢力を排除し、信長後継者としての地位をほぼ確実なものとした。ここにおいて、信長後継問題で秀吉に反対するのは、信長の二男織田信雄（のぶかつ）だけとなった。

同年九月、摂津の池田恒興を岐阜に移した秀吉は、大坂の石山本願寺跡に大坂城を築いた。秀吉は、大坂を天下の中心に位置づけようとしたのだ。そして、この本拠地を守るために、大和（やまと）（奈良県）に筒井順慶（つついじゅんけい）、和泉（大阪府）に中村一氏（なかむらかずうじ）、摂州（せっしゅう）（大阪府北部と兵庫県の一部）に三好秀次（みよしひでつぐ）らを置いた。田中吉政は秀次とともに摂津に入る。

家康との対決

信長後継者の座をほぼ手中に収めた秀吉ではあったが、それに不満を抱いていたのが信長の二男・織田信雄（のぶかつ）だった。信雄は信長継承問題で対立した柴田勝家と兄信孝に対して秀吉と共に戦ったが、その後、秀吉との関係が悪化した。秀吉は、信雄の重臣を抱き込もうとする。しかし、信雄はそれら秀吉寄りの家臣を処刑し、徳川家康との同盟を結ぶことで秀吉に対抗しようとした。

天正一二（一五八四）年三月、信雄は家康と共に挙兵した。秀吉、家康両軍は激闘を繰り広げるが、戦上手の家康に秀吉軍は桧ケ根（ひのきがね）の戦いで勝利するも、羽黒の戦い（八幡林の戦）や岩崎城の戦い、白山林の戦い、仏ケ根（ほとけがね）の戦い（長久手の戦い）で敗れる。田中吉政は、この戦いでも秀次軍として戦っているが、白山林の戦いで家康軍に敗れている。

家康有利で戦いを進めていたが、秀吉は本領安堵を条件に信雄と講和を結ぶ。家康に支援されてこの戦いを始めたにも関わらず、信雄が勝手に秀吉と和睦してしまったのだ。家康は戦意を失い一一月二一日、兵を引き上げた。そこへ、秀吉が講和を持ちかけ、家康との戦いに終止符を打つことに成功する。

一年に及んだ家康との戦いは、和議をもって一応の決着をみた。戦いでは家康に負けたものの、政治手腕で家康に勝った秀吉は、織田信長の後継者、天下人としての地位を大きく引き寄せた。

しかし、秀吉の天下人としての地位を揺るぎなきものにするためには、やはり家康の臣従が必要だった。天正一四（一五八六）年に入ると秀吉は家康を懐柔するため、実妹の朝日姫を正室として差し出した。しかし、家康は秀吉に対していっこうに臣従を示そうとしない。しびれを切らした秀吉は同年一〇月、秀吉の母である大政所（おおまんどころ）を朝日姫の見舞いと称して岡崎（愛知県）に送る。この大政所の岡崎下向の警備を吉政が担当、道中何事もなく、大政所の岡崎下向の警備を終えている。

関白の母親までを人質に差し出されては、家康としても無視するわけにはいかない。同月二四日、家康は上洛し秀吉に対して臣下の礼を示した。

紀州根来衆の制圧

家康が臣下の礼を示したことで圧倒的な地位を築いた秀吉だったが、それでも反発する勢力はいた。徳川家康と同盟を結んでいた紀州（和歌山県、三重県の南部）の根来寺や四国の長宗我部元親、越中（富山県）の佐々成政らだった。

根来寺など紀州勢は、先の小牧・長久手の戦いで家康軍の支持にまわり、反秀吉の姿勢を持ち続けていた。そのため秀吉は、こうした徳川方に付いていた勢力の排除に出た。

天正一三（一五八五）年三月、秀吉自らが総大将となり一〇万もの大軍を率いて紀州に侵攻した。この時、秀次は副将を務め、吉政も秀次軍に加わっている。戦いは、防衛線の東端にあたる千石堀城で始まった。圧倒的な数で攻める秀次軍。吉政は、城の側面から突撃を試みるが、城からの弓や鉄砲の猛攻にあい、多数の死者を出した。それでも吉政らは馬で要塞内に乗り入れた。そうして戦っているところへ、澤城（さわじょう）の守将佐藤隠岐守（さとうおきのかみ）らも加わる。ところが、その隙に佐藤が守っていた澤城が根来の手勢に落ちてしまう。吉政は佐藤と一緒に澤城を取り戻そうと戦うが、根来衆に取り囲まれ窮地に立たされる。吉政にとっては、絶対不利な状況となり討ち死にする可能性もあったが、奮闘の末、なんとか生き延びた。

苦戦しながらも、秀吉軍は根来衆を追い詰め、いよいよ根来衆最後の砦となった太田城を包囲すると水攻めを行う。秀吉は城の周りに長さ七キロメートル余の堤防を築き、川の水を流し込むと城は湖の中に孤立してしまった。ここに大船を浮かべ、攻撃するというものだ。こうして秀吉軍は、籠城する根来衆を追い詰め降伏させた。

ここでも吉政の勇猛さを伝える話がある。佐藤隠岐守、中村孫兵次らと共に戦っているところに、根来衆の僧が槍を持って佐藤隠岐守の船に近づき兵士を倒していく。吉政は、その船に近づき加勢しようとすると、逆にその僧が吉政の船に飛び移ってきた。これを吉政はねじ伏せ生け捕りにしたという。

天下人関白の戦い

天正一三（一五八五）年、秀吉は四九歳にして関白に任じられる。紀州を制圧した秀吉が次に狙いを付けたのは四国の統一だった。それも武力ではなく関白の権威を持って制圧しようと考えた。当時の四国は、土佐を拠点とする長宗我部元親が急速に勢力を拡大し、台風の目となっていた。

秀吉は、長宗我部元親に対して讃岐（香川県）と伊予（愛媛県）を差し出すよう要求する。しかし、讃岐と伊予は元親が自力で切り取ったものだ。関白の命令といえども応じられないと、秀吉の要求を拒否した。

そこで、秀吉は四国制圧に乗り出す。この時も自ら総大将として出陣する予定だったが、病気を患ってしまい秀長を総大将に任じた。秀長は六月一六日、三万の兵を率いて淡路島に渡る。吉政も秀次と共に明石から三万の軍で淡路島に渡る。そして、福良で合流し、六万の軍となった。この時、迎え撃つ長宗我部軍は四万。数でこそ劣ってはいたが、元親は地理に長けた長宗我部軍が負けるとは考えていなかった。しかし、秀吉は、さらに宇喜多秀家や蜂須賀正勝ら二万を屋島に、毛利四万を伊予に上陸させ、総勢一二万もの圧倒的な軍勢で長宗我部軍を攻め立てた。

こうなると、いかに武勇を誇った長宗我部軍でも勝ち目はない。元親は降伏し、土佐一国を安堵された。秀吉は圧倒的な力をもって四国の統一を成し遂げた。

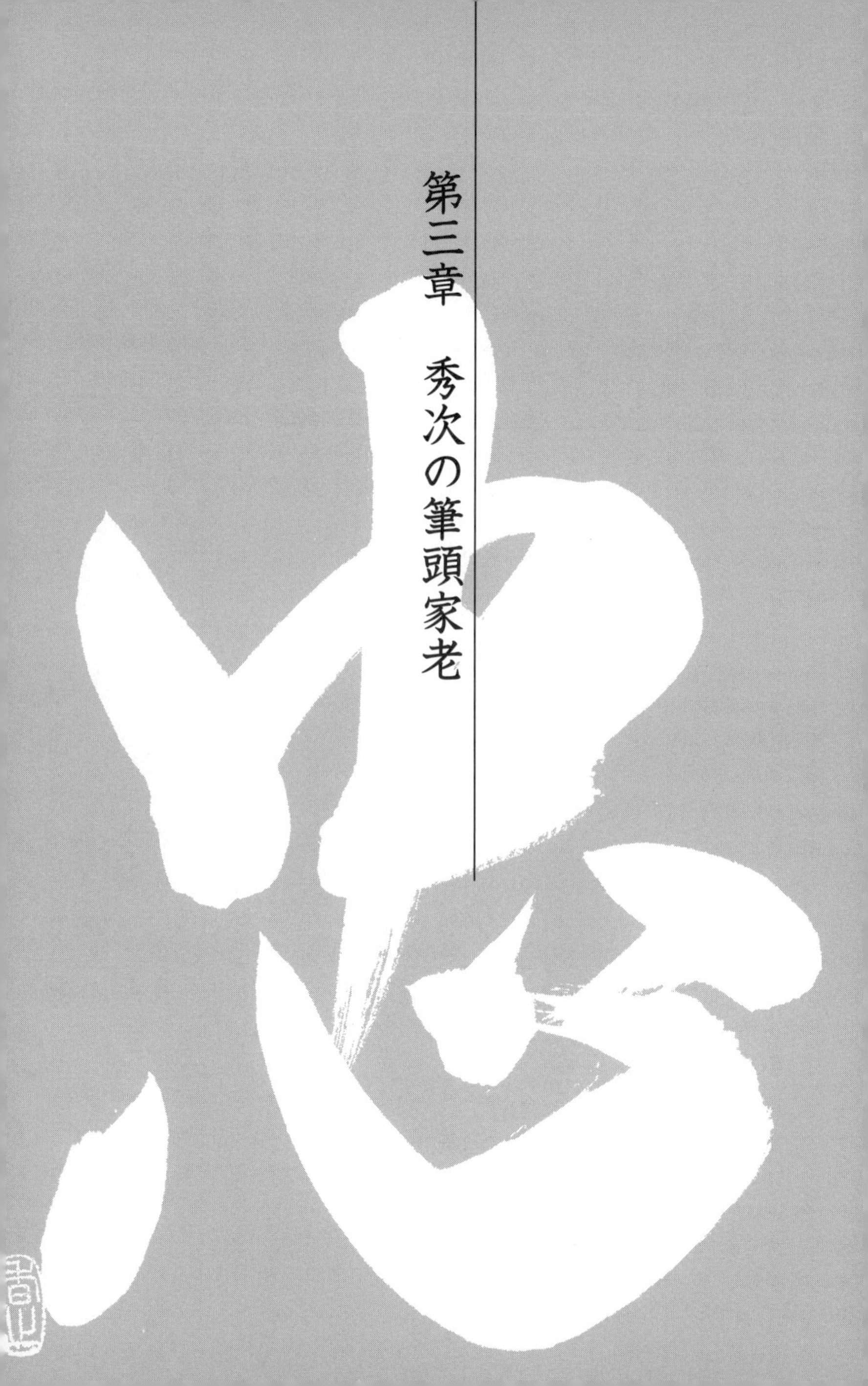

第三章　秀次の筆頭家老

トップの資質　其ノ三

■とことん仕える

田中吉政は、秀吉から秀次の筆頭宿老を命じられる。自分の領地や城を持っていながらも、秀吉の命を忠実に守り、秀次の補佐に徹する。そのため、秀吉の怒りを買い秀次が切腹を命じられた際、世話役である吉政は咎（とが）められるどころか、逆に高く評価された。

秀吉という自分の師の命を損得勘定抜きに遂行する、その人間性に秀吉も信頼を寄せていたのだと思われる。

企業や部署のトップともなると、社内だけではなく様々な方面から頼み事や相談事を持ち込まれる。その際、損得を考えずに全力で取り組むお役立ちの気持ちも必要である。その人柄や事に対する対応の仕方がいつしか、大き

な信頼となって社内外から評価されるようになる。トップは、様々な人脈を持っておきたいものだが、人脈を深く、広いものにするためには、中途半端な奉仕ではなく、とことん人に仕えるという姿勢を忘れないようにしたいものである。

また、日頃から「ギフト」の精神を忘れず持ち続けていたい。ギフトとは、贈り物のことだが、物を贈るだけでなく、相手に対する思いやりの心を持ち、自発的に相手を喜ばせることをしたり、役に立つことを続けること。

そのような人を周りの人は放っておくはずがない。

■手柄は部下に、責任は自分に

手柄を自分のものにする上司がいる。手柄を横取りされた部下は、それ以後、心から上司を助けることをしなくなる。トップは、部下をはじめ他人に担いでもらって初めて神輿に乗ることができる。戦国時代は、戦場で戦った者の働きに応じて報酬を与えた。本人の評価、あるいは、それを上回る評価を与えられた家臣は命をかけて上司に仕えた。

ビジネスの世界で戦っている今日でも、部下の働きを上司が正当に評価できなければ、その上司の神輿を本気で担ぐ部下はいなくなるだろう。部下の手柄を自分のものとし、部下の失敗どころか、自分の失敗までも部下に押し付ける上司は、見限られても仕方がない。

例えば、新しい取引の開始など、華やかな場面ではトップが顔を出したがるが、契約の中止や問題の対応は部下任せで自分は素知らぬ顔をしている。しかも、その後の労いもない。これでは、部下は上司のために戦おうという気にはならないし、取引先など関係者からも見放されることになりかねない。

組織のトップに立つ者は、部下に支えられてはじめて自分の立場があることを自覚し、手柄は部下に、責任は自分にあることを肝に銘じておきたい。

■いつでも馬謖（ばしょく）を斬る

中国の三国時代に劉備玄徳（りゅうびげんとく）の軍師だった諸葛亮孔明（しょかつりょうこうめい）は、自分の指示に背い

て魏に敗れた弟子の馬謖を処刑した。この時、孔明は泣いて馬謖の処刑を決断したといわれる。

戦国時代でも、家の規律や軍の規律を保つために同じような決断を迫られた武将の例は多く、身内であっても例外ではなかった。

現代でも、組織のトップに立つ者として部下を大事にしながらも、規律に反した部下を切らなければならない場面もある。その際、感情的になるのではなく、躊躇することなく決断する強さも必要になる。そのためには、トップとして組織を運営するための明確な基準を持っておくことが必要であろう。

併せて、たとえ事が上手く運んでいても勇気ある撤退が必要になることもある。撤退することが損であるとわかっていても、企業理念や目的に合わない事業や取り組みを止める勇気も欲しい。博多三大豪商に数えられる島井宗室は、豊臣秀吉の朝鮮出兵に真っ向から反対するなど、自分の信念を守る強さを持っていた。勇気ある撤退はトップにしか判断できない。

■周囲の協力を得る

トップには、力が求められる。どんなに優れたトップでも、一人でできることには限界がある。部下や関係者などからの協力が得られなければ、大きな仕事を成し遂げることはできない。

同じ協力を得るにも、こちらからお願いして協力を得るのと、力を貸さずにはおれない、あるいは、いつの間にか周囲が協力してくれているというトップでは、成功の度合いも変わってくる。

周りが進んで協力してくれるようなトップには、自然と人が集まり強い力となる。戦国時代も家臣や同盟先を命がけで守ろうとする武将の下には人が集まった。

現代の組織でもトップが部下を守る組織は、強い絆でつながっている。そうしたトップが事を起こすとなると、部下や周囲が放っておかないものだ。トップは人柄である。

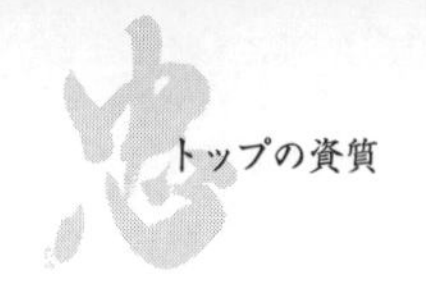

秀次の宿老となる

天正一三（一五八五）年閏八月二三日、四国平定の総大将を務めた秀長が大坂に戻ると、秀吉は功績を上げた者たちに恩賞を与えた。ここで秀次は、近江国蒲生郡（滋賀県近江八幡市）の近江八幡四三万石を与えられた。その内、二三万石は宿老たちの領地であった。田中吉政（三八歳）は三万石を与えられ、当時一八歳と若い秀次を補佐する宿老（家老的な地位）の筆頭である宿老筆頭を命じられる。吉政の他に、宿老を命じられたのは、

中村一氏　六万石　近江水口城主
堀尾吉晴　四万石　近江佐和山城主
山内一豊　二万石　近江長浜城主
一柳直末　二万五〇〇〇石　美濃大垣城主

たちがいる。

吉政をはじめ秀次の宿老となった者たちは元々、秀次の直臣（直接の家臣）ではな

い。秀吉が自分の家臣を秀次補佐の目的で付けていたのであって、秀次が自分の家臣の中から選んだわけではない。

これらの宿老たちは各々が城持ちとなったが、吉政だけは筆頭という立場にありながらも城を持たず、近江八幡城において城主秀次を補佐した。その理由は、秀吉から与えられた役割の違いを見ることで理解できる。吉政以外の宿老たちが与えられた城は、近江八幡城の周りを固めるように配置されている。これは、近江八幡城と秀次を守る軍事的な役割を担っていることを意味するようだ。一方、吉政は近江八幡城で秀次に代わり公的な役割を担っていた。秀次は、近江八幡城に在城することはあまりなく、京都にいることの方が多かったため秀次領内の政務は吉政が行っていた。

実子がいなかった秀吉は、秀次を自分の跡継ぎとみなし、自分の近くで帝王学を学ばせようとしていたのであろう。関白秀吉の跡継ぎともなると、自国の政だけではなく、日本全体を考えなければならない。朝廷や公家たちとの付き合いも必要になる。秀次が近江八幡城を留守にすることが多かったのはそのためであろう。

秀次は秀吉の跡を継ぐ準備のために、近江八幡城ではなく京に滞在することの方が多くなる。その留守を守るために、吉政には城を与えず秀次の代わりに秀次領内の政

を任せたのであって、そのことからも秀吉が吉政を信頼していたことがわかる。
吉政は、近江八幡城を留守にしがちな秀次に代わって政を行ない、秀次領内に通達や裁定などに関する文書を発給しているが、他の宿老が発給した文書はほとんど残っていない。このことからも、吉政は秀次領の統治に関して権限を持っていたことがわかる。吉政はこうした文書を発給する際、いちいち秀次に伺いを立て、秀次の判断を仰ぐということもなかったようだ。
しかし、いかに宿老の筆頭といえども、領主である秀次に相談することもなく自らの判断で裁定を下すというのは、一般的な主従関係ではあり得ない。つまり、吉政の権限は秀次からではなく、秀吉から直接与えられたものであると考えて差し支えないだろう。

近江八幡城築城と城下町づくり

吉政は、四〇〇年余を経た今日でも「土木の神様」と称される。その基礎は、秀吉に仕えたことで培われたと言っても過言ではない。

天正一三（一五八五）年、秀吉は秀次に安土城に代わる近江国（滋賀県近江八幡市）の国主として近江八幡城の築城を命じた。秀吉は近江八幡城を険しい八幡山の山上に建て、山麓に運河を通し周りに城下町をつくるという構想を描いていたが、当時の近江八幡には城下町になるような規模の町はなかったようだ。秀吉の構想は、まったく何も無いところに城と城下町をいちから創り上げようという壮大なものだった。秀吉は秀次に宛てた手紙で、「知行を与えている者に工事をさせ、油断なきよう関係者に申しつけよ」と伝えている。近江八幡城と城下町づくりには、秀次ではなく秀吉の強い意志が働いていたと思われる。そのため近江八幡城の建設用地なども秀吉が自ら選ぶという力の入れようだった。

実際に城の築城と城下町づくりに関与したのは、この工事の監督を務めた吉政であったようだ。これも秀吉の指図であろう。吉政は、浅井との戦いで、小谷城攻めに際し織田信長が命じた堤防（軍用道路）づくりや安土城を築城する際の石垣づくりを現場で指揮した経験を持っていた。そして、今回の近江八幡城築城と城下町づくりを通して、秀吉が目指した国づくりそのものを学ぶ。その経験は、後の岡崎や筑後国での城郭や国づくりに大いに役立つものとなる。

八幡山の山頂に築かれた城は琵琶湖周辺のどこからでも見ることができたという。秀吉は自分の後継者となった秀次が、天下に号令する拠点として近江八幡城を位置づけようとしたとも考えられる。そのために、近江八幡城はその権威の象徴として軍事的、経済的な力を持たせようとしたのではなかろうか。

秀吉は、秀次を近江八幡の領主に命じた際、四人の宿老を近江八幡城の周りに配置した。山内一豊は北国街道の長浜、堀尾吉晴は東山道口の佐和山、伊勢から京に続く東海道沿いの甲賀郡水口に中村一氏、中仙道に近い大垣に一柳直末を配置し、これらの城を結ぶかなめの位置に近江八幡城が位置する。つまり、これらの城は、近江八幡を守るための防衛基地であったわけだ。

近江八幡城は城の周りに堀を築き、琵琶湖の水を堀に引き込んだ。この堀は、築城の際に安土城の石垣や木材を運んだと考えられる。城下には、安土の町民を移住させ城下町を形成させた。また、水道設備と下水道が整備されていたというから同時の技術レベルの高さがうかがえる。

秀次が近江八幡城主であったのは、一八歳（天正一三年）から二三歳（天正一八年）までの五年間であった。その間、近江国の政は吉政が秀次に代わり取り仕切っていた。

コラム

近江八幡と田中吉政

豊臣秀次が近江八幡城を築城した近江八幡山には、日牟禮八幡宮（ひむれはちまんぐう）があり、田中吉政との関係も深い。

日牟禮八幡宮は一三一年、第一三代成務（せいむ）天皇が高穴穂の宮に即位された折、武内宿禰（たけのうちのすくね）に命じ大嶋大神（地主神）を祀られたのが、社の草創とされている。誉田別尊（ほんたわけのみこと）、息長足姫尊（おきながたらしひめのみこと）、比賣神（ひめかみ）が祭られており、近江商人の信仰も集めてきた。

日牟禮八幡宮には、上下に二社が祀られていた。正暦二（九九一）年、一条天皇の勅願により近江八幡山上に社を建立し、大分県宇佐市の宇佐八幡宮（全国四万社以上ある八幡宮の総本社）を勧請（神仏の分霊を請じ迎えること）して、上の八幡宮が祀られた。そして、寛弘二年（一〇〇五）年、遥拝の社を山麓に建立し、下の社と名付けられた。

余談だが、日牟禮八幡宮には、田心姫神（たごりひめのかみ）、湍津姫神（たぎつひめのかみ）、市杵島姫神（いちきしまひめのかみ）の三女神が祀られている。三女神は、福岡県宗像市の宗像大社に祀られている三女神と同じで

ある。また、琵琶湖の沖島には奥津嶋神社があり、宗像大社と同じ女神が祀られている。宗像の民が、ここ近江にも往来し宗像三女神を祀ったものと思われる。

天正一八（一五九〇）年、秀次は近江八幡城築城のため、上の八幡宮を下の社に合祀した。その後、替地として日杉山に祀る予定だったが、秀次が亡くなったため社殿は建立されず、現在のように一社の姿となった。現在の社殿は下の社にあたる。

吉政は、幾つかの家紋を使用していたようだが、中でも左三つ巴は代表的な家紋といえる。関ヶ原の戦に参戦した際の旗印も左三つ巴を使用していた。吉政の左三つ巴は、この日牟禮八幡宮より賜ったという説もあるのだ。

吉政が整備した近江八幡の町は、秀次亡き後も発展を遂げた。琵琶湖から水を引入れるために作った堀は、商流を作る道にもなった。戦国から江戸時代の日本経済を支え、大坂商人、伊勢商人とならぶ日本三大商人に数えられる近江商人（琵琶湖周辺で生まれた高島商人、八幡商人、日野商人、湖東商人の総称）の多くも、この堀を琵琶湖に出る船の航路として使用していたようだ。

太閤の九州平定

四国の長宗我部元親を圧倒的な軍事力で従わせ、四国平定を成し遂げた秀吉は、九州に軍を進める。家康が秀吉に臣従したことで、東国の脅威は取り払われた。そのため、秀吉自らが出陣し九州の平定に力を注ぐことができたのである。

当時、九州では薩摩の島津義久が勢力を拡大し、九州を手中に収める勢いを見せていた。これに脅威を感じた豊後（大分県）を支配する大友宗麟は、秀吉に助けを求める。秀吉は、関白として島津義久に書状を送り大友氏と停戦するよう調停し、九州分割案を示した。しかし、この分割案を島津が拒否し、大友を攻撃した。秀吉は、関白の命令に従わなかったという理由で島津攻めを決めた。

天正一五（一五八七）年三月一日、秀吉は八万六七〇〇の大軍を率いて九州へ向かう。島津攻めに加わったのは、宇喜多秀家や加藤清正など西国の大名が中心だったことから、秀次、吉政は九州平定には加わっていない。この頃の吉政は九州平定の間、関白不在となる京坂を秀次と共に護っていた。

秀吉軍は、三月二八日に関門海峡を渡って小倉へ上陸すると、ここから軍を二手に分けた。秀長軍は、豊前（福岡県東部、大分県北部）・豊後（大分県）・日向（宮崎県）を経て薩摩（鹿児島県）へ、秀吉軍は豊前・筑前（福岡県西部）・筑後（福岡県南部）・肥後（熊本県）を経て薩摩を目指した。

三月二九日、秀吉は京都郡の馬ケ岳城（福岡県行橋市）に入り、四月一日には島津氏と通じていた筑前の秋月種実の支城・岩石城を一日で落とす。秀吉軍の攻撃の激しさに驚いた種実は、秀吉軍と一戦も交えることなく長男の種長と共に頭を丸め、墨染めの衣姿で降伏し、古処山城を明け渡した。

その後、秀吉は熊本・八代を経て五月三日には薩摩の泰平寺（鹿児島県薩摩川内市）に到着、この寺に本陣を構えた。すると五月八日には、島津義久が頭を丸め、秀吉に謝罪し降伏した。

秀吉は五月一八日、川内を立ち北上をはじめる。六月七日には博多（福岡市博多区）の町近くの箱崎（福岡市東区）に到着し、筥崎八幡宮を本陣とした。島津義久を屈服させ九州を平定した秀吉は、知行地を大名や家臣に分け与え、大名の配置などを行う九州の国割りに取り掛かる。この国割りで秀吉は、古い伝統を持つ大友や龍造寺、島津、

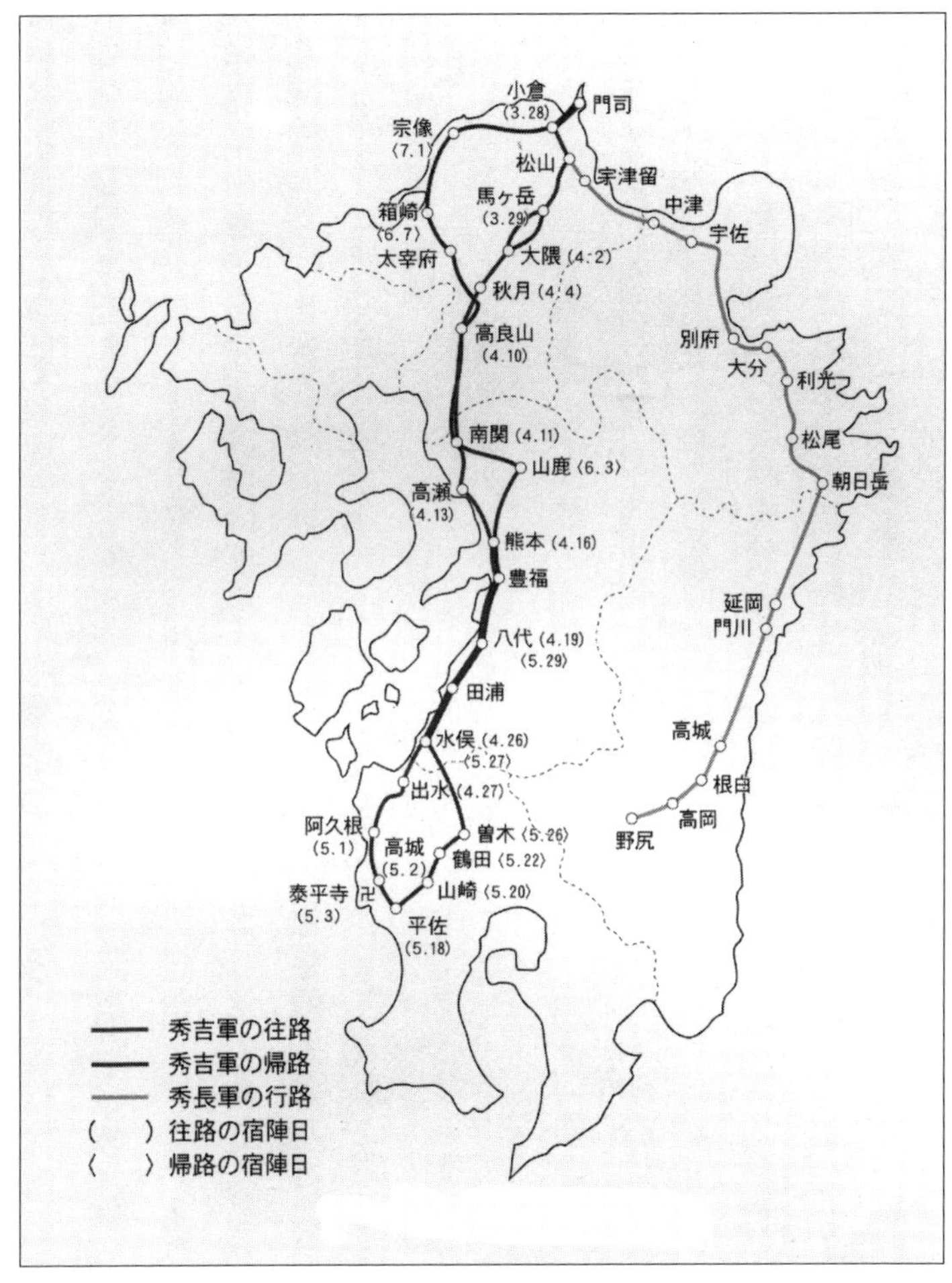
小倉
(3.28)
門司
宗像
〈7.1〉
松山
宇津留
馬ヶ岳
(3.29)
箱崎
〈6.7〉
中津
宇佐
太宰府
大隈 (4.2)
秋月 (4.4)
高良山
(4.10)
別府
大分
利光
松尾
南関 (4.11)
山鹿 〈6.3〉
朝日岳
高瀬
(4.13)
熊本 (4.16)
豊福
延岡
門川
八代 (4.19)
〈5.29〉
田浦
水俣 (4.26)
〈5.27〉
高城
出水 (4.27)
根白
高岡
野尻
阿久根
(5.1)
曽木 〈5.26〉
高城
(5.2)
鶴田 〈5.22〉
泰平寺
(5.3)
山崎 〈5.20〉
平佐
(5.18)
秀吉軍の往路
秀吉軍の帰路
秀長軍の行路
(　) 往路の宿陣日
〈　〉 帰路の宿陣日

秀吉の九州進撃コース

大村、松浦、有馬など戦国大名の旧領をそのまま与えながら、黒田、毛利、佐々など豊臣系大名を新たに配置した。秀吉の参謀役である黒田官兵衛は豊前中津に一八万石、毛利勝信は豊前の小倉に六万石、小早川隆景は筑前名島（福岡市東区）に三〇万石余、毛利秀包は筑後久留米に七万五〇〇〇石、立花宗茂は筑後柳川に一三万二二〇〇石を拝領している。

天正一五（一五八七）年六月一日、九州の国割りを終えた秀吉は本陣を敷いていた箱崎で博多の町割りを行った。博多は、明や朝鮮などと交易する豪商によって大いに栄えてきたが、その富を求めて多くの武将から狙われ、幾度となく戦乱に巻き込まれ荒廃していた。

そこで秀吉は、博多の町には土地税をかけず、商人、職人が自由に営業できる「楽市楽座」を導入した。また、博多の廻船が諸国の港で妨害を受けることがないよう手厚く保護するなど、積極的に支援した。秀吉のこうした政策によって、博多の町は急速に復興を果たし、「近世都市博多」の基礎をつくったといわれている。

博多の町割りと合わせて注目されるのが、六月一九日に発布した「宣教師追放令」だ。秀吉はキリスト教を邪教とみなし、宣教師が二〇日以内に国外に立ち退くことを

命じた。しかし、実際には禁教令による宣教師の国外追放は徹底しなかった。キリスト教を邪教と決め付ける一方で、貿易は奨励したためだといわれている。

九州平定を終え、大坂城に帰還した秀吉は、天正一六（一五八八）年七月八日、「海賊禁止令」を発布し、瀬戸内海を支配してきた海賊衆村上水軍を豊臣政権下の水軍に組み入れ、瀬戸内海の海上交通網をも支配する。併せて、「刀狩令（かたながりれい）」を発布し、武士と農民の身分をはっきりと分離させた。この刀狩令は、後の徳川幕府も取り入れるなど、武家社会の基礎を成すものとなった。

朝鮮出兵 ——吉政は国内で京を守る

秀吉が、九州平定を終え次の戦略として描いていたのは朝鮮への出兵だった。島津攻めを終え博多に帰る前、肥後あたりから北の政所などに手紙を送っており、田中吉政も書状を受け取っている。秀吉は、吉政宛ての手紙で島津の降伏と九州の国割りに加えて大陸への出兵に触れている。手紙では朝鮮王国に出仕を要請し、それに従わない場合は兵を指し向ける意向を示したと伝えている。

朝鮮出兵の準備にあたり、秀吉は、一〇万石につき二艘の大船を建造することを大名に命じ、吉政も大名として大船の建造に着手する。吉政は九州平定後も、秀次不在の近江八幡城で領内の支配を続けていた。

文禄元（一五九二）年、秀吉は一五万の大軍を朝鮮に派遣する。朝鮮に出兵したのは、加藤清正ら西国の武将たちであった。島津攻め同様、この時も秀次と吉政は出兵には加わっていない。特別な理由があったからというわけではない。この頃の慣わしで、戦場への出兵を命じられるのは、戦地に近い大名たちであったからだ。秀吉は秀次に京都留守居役（きょうとるすいやく）として、いざという時に唐入りできる態勢を整えておくよう命じた。吉政もこの予備軍となった秀次の四番隊に一五〇〇人を率いて加わっている。

朝鮮での戦いは、初めのうちは日本軍が快進撃を続けたが、明の大軍が朝鮮に加勢すると次第に旗色が悪くなり、日本側は五万人にものぼる死者を出し、後退を強いられる。そこで、文禄元（一五九二）年、和平交渉に入り休戦に持ち込んだ。秀吉は現地にいた兵一〇万人の内、半分の五万人を日本に帰還させた。現地に残されたのは、九州の武将が率いる軍だった。

秀吉は、日本に帰還する将兵を朝鮮出兵の拠点として築いた、肥前国松浦郡（佐賀

県唐津市）の名護屋城で迎える手はずであった。しかし、文禄二（一五九三）年八月三日、拾丸（秀頼）が生まれると、秀吉は急きょ大坂に戻ってしまう。わが子との対面のためだ。二年前にやっと生まれた鶴松を亡くし悲しんだ後だっただけに、秀吉の喜びようは大変なものだった。しかし、異国で多くの家臣を失い、疲弊した自軍を率いて帰国した大名たちは、この秀吉の肩透かしをどのように受け止めたのであろうか。

家康領を引き継ぎ、岡崎城の主となる

天正一六（一五八八）年三月一七日、吉政は四一歳にして従五位下に叙せられ、兵部大輔に任じられる。

天正一八（一五九〇）年、秀吉は相模・伊豆・武蔵など関東で大きな勢力を有していた北条氏を攻める。秀吉は北条氏政に対して上洛するよう再三要請していた。しかし、氏政は秀吉の要請に応じようとしない。その頃、真田昌幸と北条との間に衝突が起きる。このことが、大名間の争いを禁じた「惣無事令」に違反しているとして、秀吉は北条討伐令を諸大名に通達した。秀吉は、二〇万以上の大軍で六万の北条軍を圧

倒し関東を平定する。これが、いわゆる秀吉の「天下統一」の総仕上げとなった小田原攻めである。

小田原平定後、秀吉は大幅な配置換えを行った。北条氏の領地であった武蔵（東京都、埼玉県、神奈川県の一部）・相模（神奈川県）・伊豆（静岡県伊豆半島）・上野（群馬県）・上総（千葉県の中部）・下総（千葉県北部、茨城県南西部、埼玉県東辺、東京都東辺）の六カ国を徳川家康に与えた。表向き家康の領地が一三二万石から二五〇万石へと大幅に加増されたが、実際のところは、家康が京から離れた遠方に追いやられ力を封じ込められた形となった。

家康の移封によって、家康が治めていた領地は織田信長の二男織田信雄に与えることにしたが、信雄は父信長ゆかりの地である尾張を離れることを拒否した。秀吉は怒り、信雄を下野国那須（栃木県）へ追放し、二万石を与えて身柄を佐竹義宣に預けてしまう。

このため、織田信雄が治めるはずだった旧家康領は、秀吉の直臣（身内の家臣）に分け与えられることとなった。三河国（愛知県東部）では、岡崎五万七〇〇〇石が田中吉政、吉田一五万石が池田輝政、刈谷・緒川一万五〇〇〇石が水野忠重に与えられた。

遠江（静岡県の大井川以西）・駿河（静岡県中部、北東部）・甲斐（山梨県）・信濃（長野県、岐阜県中津川市の一部）には、山内一豊、仙石秀久ら五人の直臣が入った。そして、織田信雄が治めていた尾張（愛知県）には豊臣秀次が入った。

これら旧家康領地に入った者は、近江以来の秀次宿老や奉行たちだった。この配置は関東の徳川家康に対する軍事的な備えであり、近江八幡時代と同じように秀次を護る構えであったと考えられる。

吉政は、岡崎城主、つまり城持ち大名となった。しかし、秀次が奥州にいたことから本来秀次が政務を司る清洲城に入り、領内の差配を行っていたと思われる。これも秀吉の指示であろう。そのため、岡崎城主となりはしたが、すぐに城に入ることはできなかった。城主不在を補うために、吉政は重臣の宮川佐渡守吉久らに在番を命じている。

宿老筆頭として秀次を支えてきた吉政は、秀次不在を補うために清州城に入るが、吉政と秀次の関係は近江八幡時代に比べると変化しているように見て取れる。近江八幡時代は秀次に代わり、吉政が領内の支配を行った。しかし尾張では、初めのうちこそ吉政が領内の各層に対して知行の安堵状を発給するなどしているが、その後は、吉政が領内支配に直接関わっていたという記録は乏しくなる。

代わって尾張領内の支配を行ったのは、秀次の実父である三次吉房と言われている。吉政は秀次が幼い頃から傳役として、また、城を持つようになってからは宿老として秀次を補佐してきた。しかし、秀次もこの頃には二三歳の立派な武将である。自分の意思で国を運営したいと考えても不思議ではない。それなのに、秀吉の影がちらつく吉政がいては、実際のところやりづらい。そうして吉政の存在を次第に疎ましく感じるようになったのだと思われる。

そのような状況下で、秀吉は朝鮮出兵を企てる。これまでの出兵と異なり、異国への派兵だけに、秀吉もこの出兵に集中したいと考えたのであろう。天正一九（一五九一）年一一月、秀次を養子に迎え、翌一二月には関白職を秀次に譲った。

秀吉は家督を秀次に譲り、聚楽第を秀次の政務の場と位置づけ、自分は大坂城に入りそこから朝鮮派兵を指揮しようと考えた。その際、秀次の尾張を秀次の弟・秀勝に譲り、吉政には秀勝の岐阜を与えようと構想していたようだ。

この計画は、秀次が尾張・北伊勢に領地を有したまま関白職に就いたため、実現することはなかった。しかし、秀次が秀吉からその力を受け継ぎ、京で国を動かすであ

ろう次期政権においては、吉政が岐阜を治めるということは、その政権内における吉政の地位を表していると見ることができるだろう。吉政の岐阜移封は実現しなかったが、天正二〇（一五九二）年、秀吉は吉政に三〇〇〇石を加増している。

秀頼の誕生と追い詰められる秀次

鶴松を亡くした秀吉は、自分の後継者として秀次に関白職を譲った。そして、自分は一旦退くことを考えた。しかし、文禄二（一五九三）年八月三日、拾丸（秀頼）が生まれる。秀吉に子供が生まれたことは目出度いが、秀次にとっては素直に喜べるものではなかったに違いない。秀頼の誕生は、秀吉と秀次の間に亀裂を生む可能性があるからだ。同年九月、吉政や織田信雄、石田三成らは秀吉に招かれ京に滞在していた。しかし、そこに秀次の姿はない。秀次は熱海に湯治に出かけていた。それも、二カ月という長期に及んでいる。

秀次が湯治から京に戻ってくると、秀次を避けるように秀吉が尾張に鷹狩りに出かけてしまう。秀吉はさらに三河に足を延ばし秀次領を見て廻った。そして、秀次領が荒廃していると指摘すると、奉行を派遣し領内の荒廃状況などを報告させ干渉をはじめた。その検分を受けて、秀次に対し領内の堤防工事を命じたが、この堤防工事は尾張、三河の広範囲にわたっており、その工事を担当したのが田中吉政であった。堤防工事と併せて伏見城の普請にも吉政は関わっていたようだ。文禄三（一五九四）年正月からはじまったこれら堤防工事は、四月下旬まで続いている。

秀吉と秀次の間に微妙な距離が出来始めた頃だと思われる。しかし、この程度のすれ違いで二人の関係がひどく悪化したとは考えづらい。二人の溝が深まったのは、秀頼が誕生して日も浅いうちに、秀吉が秀頼と秀次の娘との縁談話を持ちかけたことに対する秀次の対応のまずさからだともいわれている。

秀吉は一旦、秀次に関白職を譲り自分の後継者として豊臣政権を託そうとした。しかし、秀頼が生まれた。既に五七歳と高齢だった秀吉は、自分の死後、秀頼の立場を心配したに違いない。信長に仕え、信長の死後は自分が織田家を支配する立場になったことなどを振り返るとやはり、自分が居なくなった後のわが子秀頼の行く末が案じられる。幼い子を持つ父親としては、「将来は秀頼に譲る」という秀次の約束が欲しいと考えるのはしごく当然のことである。秀次の娘と秀頼の結婚をもちかけたのも秀

吉の不安からだと思われる。

秀次の後見人だった前野将右衛門（まえのしょうえもん）や田中吉政ら秀次の世話役だった者たちも、「今は、秀次様が関白として世の中を治めればよろしい。ただし、秀頼様が成人されたら、関白職を譲ると秀吉様に約束すべき」と諫言する。中でも、吉政は秀次に先のことを繰り返し説いていた。このような吉政の諫言を疎ましく思い始めたのであろう、秀次は次第に吉政と距離を置くようになった。清洲城での政務を三次吉房が取り仕切るようになったのも、秀頼問題が原因のひとつであるとも考えられる。こうして、関白秀次は自ら孤立していく。

秀次が秀吉の提案を簡単に受け入れようとしなかった理由の一つに、秀次側近たちの存在もあった。秀次が関白に就いた後、側近となった者たちの中には、秀次に関白職を譲っておきながら、子供が生まれた途端それを覆そうとしているのではないかと、秀吉に対する不満を抱く者もいた。

秀次は秀吉と田中吉政など秀吉側の世話役たちと、秀次側近たちの間で板挟みとなり、秀吉からの要請に対して自らの決断ができずにいたのではないか。そうして、いたずらに時間が過ぎれば、秀吉はどうしても秀次に対して疑いを持ち始める。その疑いはやがて不信感となり、ついには秀次に対する攻撃へと変わっていく。

文禄四（一五九五）年七月三日、秀次は秀吉から「謀反あり」との疑いをかけられ、高野山へ行くよう促される。秀次は釈明のため伏見城の秀吉を訪ねるが、対面することもできずに高野山に入る。七月一五日、秀吉から切腹の命令が下り、秀次をはじめ疑いをかけられた関係者が処分された。

この時、秀次の宿老筆頭であった田中吉政も責めを負う立場にあると思われたが、逆に吉政はじめ宿老たちは秀吉から加増されている。このことからも、秀吉が宿老たちに求めたものに、秀次の監視という役割があったと思われる。

秀次事件によって空白となった秀次領は、大名や寺社に対して給付され、吉政は二万八〇〇〇石を加増されている。さらに文禄五（一五九六）年、秀吉は吉政に一万四〇〇〇〇石余を加増した。こうして吉政は、一〇万石の大名となった。

第四章　吉政の国づくり

トップの資質　其ノ四

■現場を重視する

現場にはヒントやアイディア、解決策が隠れている。それを探し出すためには、現場を知ることが肝要である。

田中吉政は、国づくりに必要な治水や街づくり、産業振興の在り方などを現場の中から学んだ。トップになってからも、自ら現場に足を運んで、現状を把握し、現場の人たちとの情報交換や触れ合いを大事にした。

情報が上がってくるのを待つのではなく、トップ自らが現場に足を運ぶ姿勢を持ち続けたい。

■人を活かす

田中吉政は、人の命の活かし方をよく考えていた。科人（とがにん）を簡単に処刑せずに開墾に従事させたり、塩づくりの燃料となる松を植えさせることで、国の役に立つよう活用している。

トップは常に、部下が最も力を発揮できる活かし方を考えておくことが良い組織、強い組織をつくる上で欠かせない。部下が生き生きと働き、力を発揮できる環境を整えることもトップの重要な仕事。そのためには、部下とのコミュニケーションを図り、現場の状況を把握することを怠らないようにしたいものだ。

ただ、コミュニケーションが過ぎては逆効果になる場合もある。例えば、会社での食事会にトップが出席しても、二次会は一緒に行かないなど、人間関係の間合いをはかり深入りし過ぎないよう自分をコントロールする力を身に付けたい。

トップは部下にとって、高潔で理解できない未知なる部分を残しておくことが必要であると同時に、独りを慎むことも忘れないようにしたい。

■奢(おご)れる者久しからず　謙虚さは自信の表れ

富や地位、権力を持つと他者に対して高圧的で傲慢(ごうまん)な態度をとったり、自分の意見や要求ばかりを押し付ける人を見受ける。そうした態度や考え方は、外からだけでなく、組織内からも敬遠される原因となる。

トップとして自信を示すことは必要だが、謙虚さのない自信や態度は、人を遠ざけ力をなくす結果をもたらす。本当に力を蓄える人は、謙虚さを忘れないもの。謙虚さを保ち続けるには、強さを秘めた自信も必要である。謙虚さは自信の表れであるともいえる。

豊臣秀吉も「人たらし」と言われる程、人を引き付ける魅力を持っていた。人を引っ張る力だけでなく、謙虚な姿勢を持ち合わせていた。また、目に見えるものだけでなく、目に見えない大切なものを理解し、畏敬の念を忘れないこともトップとして、人として大切にしたいことだと言える。

岡崎城郭の拡張と城下町造成

岡崎城の主として一〇万石の大名となった吉政は、家臣団の充実を図った。この頃の家臣には宮川佐渡守をはじめ田中久七郎・野村忠二郎・相模助内・伊部弥五・北村与四郎・石崎若狭守・磯野伯耆守・坂本二郎作・宮川小平次・村木伊太夫・桑名六衛門・辻堪兵尉重勝などが名を連ねている。そのうち、宮川佐渡守、石崎若狭守、磯野伯耆守は吉政が筑後に入部した当初、三奉行として国主吉政を支えた重臣たちである。特に宮川氏は、吉政と故郷も近く、初期の頃からの重臣であった。後に筑後三二万五〇〇〇石の国主となる吉政家臣団の中核は、この岡崎時代に既に形成されていたとみることができる。

岡崎城に入った吉政は、増えた家臣を住まわせるために城郭の拡張を行った。入部当時の岡崎城は、沼地・沢など自然の地形を利用して城の外周防備の役割を果たしていたようで、本丸・二の丸・坂谷・東の丸・三の丸などで構成し城郭内外には明確な区分が見られない。

吉政は城と城下町全体を堀と土塁でぐるりと囲む総曲輪（そうくるわ）と櫓門（ろうもん）を築き、総曲輪内に家臣を住まわせた。吉政の岡崎城主としての大きな役割は、関東の家康に対する防備を固めることだった。そのため、家臣たちを城の東側に集めて住まわせることで関東への防備を固めた。吉政が築いたとされる総曲輪は、北から東にかけては土塁を巡らし、西から南は河川を堀として利用し土塁を築いた。総曲輪は、東西約一・五キロメートル、南北約一キロメートルに及ぶ広大なものだった。また、それまでに岡崎城にはなかった天守台の造営も吉政が行ったといわれている。

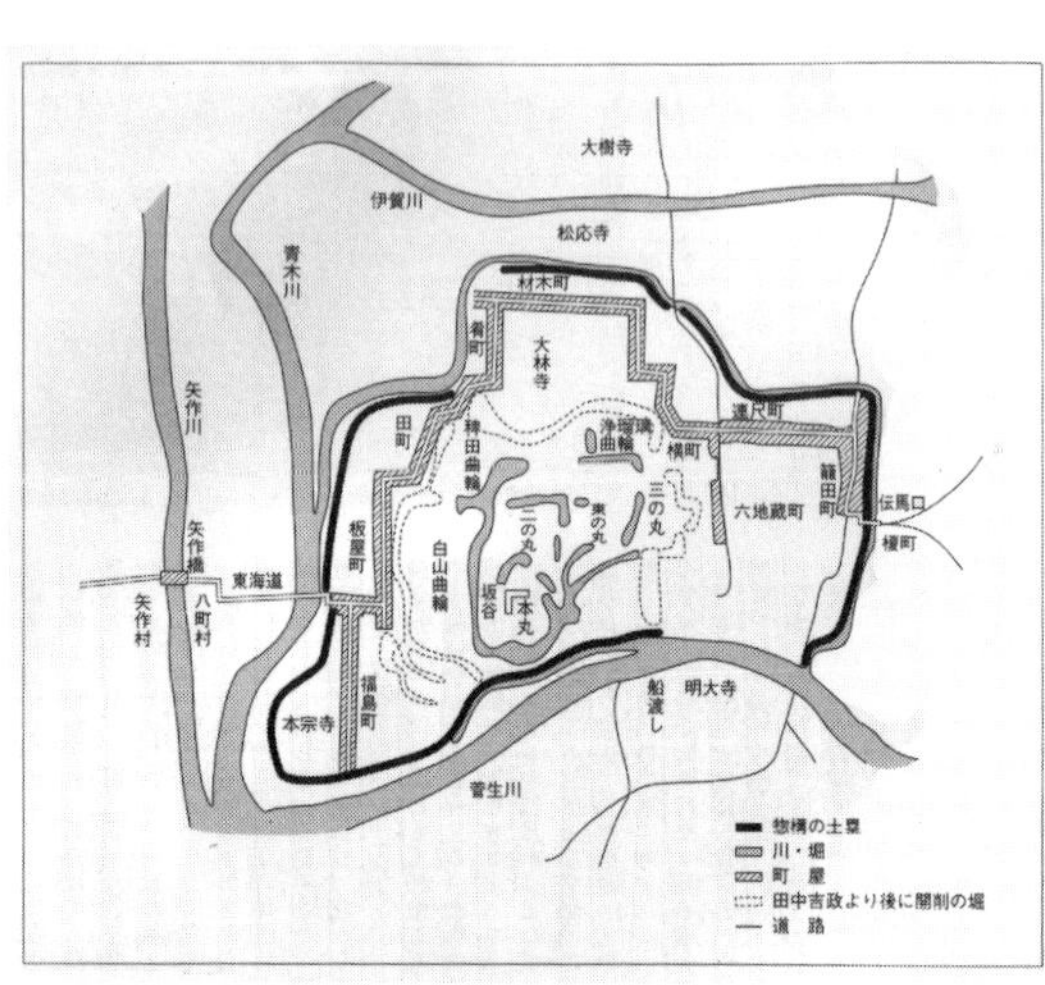

田中時代の岡崎城下（市立長浜歴史博物館、岡崎市美術博物館、柳川古文書館『秀吉を支えた武将田中吉政』（サンライズ出版、2005年）85頁より転載）

　家康は岡崎城の特徴や地形を知り尽くしている。その家康に対しての守りとなるだけに、吉政もかなり腐心した

岡崎城天守閣

のではなかろうか。

城の西側には城下町をつくり、家臣たちの生活必需品や軍需物資を供給する商人や職人を集めた。城下町の建設については天正一九（一五九一）年三月、吉政が城西の沼地を埋め立て町屋をつくった。そして、中世から矢作(やはぎ)の東西で栄えた宿場を解体し、矢作宿から商人や職人を新しくつくった岡崎宿に移住させ、商工業を盛んにした。例えば連尺(れんじゃく)町には商人、材木町には大工・鍛冶・指物師などの職人、肴(さかな)町には魚や鳥類を供給する商人を住まわせた。さらに、旧来の城東の町と城西の町を繋げ、城を取り巻く城下町をつくり上げたと言われている。

吉政は、それまで城郭の外を通っていた東

海道を城下町に引き込んだ。人の往来が激しい東海道を城下に引き込むことは防衛上の問題からも敬遠されていたであろうが、それでもあえて、城下に東海道を通した。文禄三（一五九四）年から矢作川の築堤工事をはじめ、矢作川に橋をかける。そして、それまで菅生川の南を通っていた東海道を城下町に引き入れ岡崎宿を形成した。町に東海道を引入れることにより、城下町が物流・交通の拠点とし経済的に繁栄する仕組みをつくろうとしたのだ。吉政がつくった岡崎宿は、後に東海道五十三次の三八番目の宿場として栄えた。

守りを固くするために、「二七曲り」と呼ばれる迷路と間道（わき道）をつくった。また、有事の際に出入り口を閉鎖し通行を規制すれば、関所としての機能を果たすよう城下の守りも工夫した。

富国政策

岡崎の領主となった吉政は、権威の象徴である城に籠もるよりも、城の外に出て活発に領内を見て回ったようだ。例えば、普請の現場を訪れては親しく接し、現場で指

示を出したり、食事も城から弁当を取り寄せ野外で済ませたりしている。また、寺の境内の樹木を見ると、伐採して茶を植え、採れた茶を門徒に配るように勧めるなど領民の生活をよくするように考えていた。領内の蔵入地だけでなく、家臣の知行地も見てまわり、秋には作況を検分して年貢の負担率を決めた。不作の年は、年貢の負担を軽くするなどしたため領民思いの領主として農民たちからも慕われたようだ。

　また、科人（とがにん）に対して罪の軽重によって首を刎（は）ねる代わりに荒地の開墾に従事させたり、曲事（くせごと）を犯した者には「にし野」に松を植えさせたという。松の葉は、塩浜（海水を干して塩を作るための砂浜）の燃料として売買された。また、矢作川の堤にも柳の木を植えさせたが、こちらも塩浜などの燃料として売り買いされたという。農民が生産現場で様々な工夫を凝らしていることを直接農民から聞き、吉政が感心したというエピソードも残っているようだ。それだけ、吉政は農業技術や生産活動について関心と知識を持っていたといえる。

　また、農村での秩序を保つために掟を定めているが、農村保護策も打ち出している。『秀吉を支えた武将　田中吉政』（市立長浜城歴史博物館、岡崎市美術博物館、柳川古文書館）によると、給人や代官が年貢以外の「非分横役」や各種の札物・札銭・上使銭・

草鞋銭、あるいは定め以上の口銭の徴収を禁じ、非分ある場合の直訴を認めている。

富国策として産業の振興も積極的に行った。八丁味噌(はっちょうみそ)・灯篭(とうろう)や鳥居、手水鉢(ちょうずばち)などの石製品、小刀鍛冶・城内木綿(しろうちもめん)・和菓子などの特産品づくりも推し進めた。

寺町づくりと城下町の繁栄

吉政は岡崎城郭の拡張に伴い、城内の寺社の土地を没収し移転させている。そして、岡崎の城と城下町整備のなかで、寺町構想を描いていたようだ。それは、本宗寺(ほんしゅうじ)を核として三河の主な真宗寺院を城下の一角に集めるというものであった。

この考えは、豊臣秀吉の寺社政策とよく似ている。秀吉は天正一三（一五八五）年、本願寺に対して大坂城惣構(そうがまえ)の外側、淀川を挟んで北側の天満の地に寺の再建と寺内形成を許可した。本願寺は、多くの新興商工業者や農民からの支持を集めていたため、秀吉はそれら本願寺勢力を味方に付け、地域の安定を確保しようと考えたのであろう。

同じように吉政は天正一九（一五九二）年、本宗寺を岡崎城下の一角、福嶋に移転させた。福嶋は吉政が沼地を埋め立てて造成した地である。吉政は本宗寺の周りに、

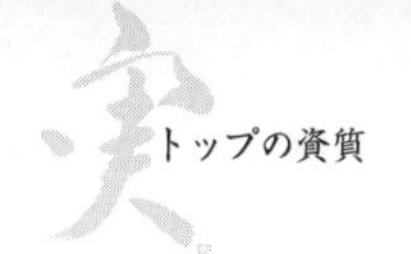

三河七カ寺の真宗寺院を配置し、城下町繁栄のために一大寺町を形成しようとした。しかし、この構想はうまく進まなかった。これには、寺社同士の対立があったことが原因だと考えられている。いずれにしても寺町づくりは、城下町形成における重要な政策だと考えていたようだ。

天下人秀吉の死

慶長三（一五九八）年八月一八日、秀吉が伏見城で没する。享年六二。朝鮮の役（慶長の役）の最中だったこともあり、戦地の武将たちに与える影響や国内の混乱などを考え、秀吉の死は伏せられた。秀吉の遺体は、伏見城から密かに運び出され京都東山の阿弥陀ケ峰に葬られ、翌慶長四（一五九九）年、この地に秀吉を祀る豊国神社が建てられた。

正室である北政所は秀吉の死後、東山の高台寺に入り「高台院」の名で秀吉を弔った。この寺には、吉政が寄進した秀吉の肖像画が残っている。これは、秀吉の死後まもなく描かせ高台院に贈ったもののようで、秀吉に対する吉政の尊敬の念が表されている。

豊臣秀吉像（複製）高台寺原蔵
秀吉の没後、吉政の発願によって描かれたといわれている

慶長三年一〇月一五日、五大老・五奉行から朝鮮に残っていた部隊の帰国が命じられる。撤退は、一一月半ばまでには完了した。

秀吉の死は多くの武将に衝撃を与えたが、田中吉政もその一人である。吉政は宮部継潤に従い、小谷城の戦いで浅井長政から織田側に寝返り、その後、秀吉の家臣となり、天下人となった秀吉をひたすら支え続けた。

戦の場では勇猛さを発揮する武将として、武功を上げた。また、秀次が幼少の頃より傅役（もりやく）として世話をし、秀次が大名になってからは宿老の筆頭として留守がちな秀次に代わって領内の差配を行った。関白就任後も秀次にさまざまな意見・諫言をするなど、秀次に関わり続けた。秀吉の命令を忠実に守り、それをやり遂げてきた吉政は、まさに秀吉の忠臣であった。それほど、吉政にとって秀吉という存在は大きかった。

また吉政は、秀吉の家臣になって様々な知識や技術を吸収した。その代表的なものが、城下町づくりとその繁栄策、城づくりや治水に必要な土木技術などに関するものだ。吉政は、秀吉が進めた城づくりと城下町づくり、さらに太閤検地による国の基礎づくり、地場産業の振興などを側で学び、秀吉の意思や考え方を受け継ぎ、そして自らの時代を生き抜いていった。

家康VS豊臣家執行部

秀吉の死は、豊臣政権内に亀裂を生んだ。その亀裂はやがて大きな分裂となり、日本を二分する関ヶ原の戦いへ突入するきっかけとなった。関ヶ原の戦いは、徳川家康と石田三成との戦いというイメージが強いが、元々は豊臣政権内の戦いである。

秀吉の死後、豊臣政権をどのように維持していくかについて、考え方の違いから幾つかの派閥ができている。一つは大老家康を中心とした豊臣政権の運営を支持するグループ。もう一つは、力の強すぎる家康を排除したなかでの政権運営を求めるグループ。大きくはこの二つのグループに分けることができるが、三成を排除して豊臣政権を維持しようと考える者もいた。

彼らの多くは、朝鮮の役で戦地に赴いた者たちで、石田三成に対して遺恨を持っていた。加藤清正(かとうきよまさ)や福島正則(ふくしままさのり)、浅野幸長(あさのよしなが)、蜂須賀家政(はちすがいえまさ)、藤堂高虎(とうどうたかとら)、黒田長政(くろだながまさ)、細川忠興(ほそかわただおき)らの七将がその代表格といえよう。

その他、先のどのグループにも属さない中間派も多数いた。こうした派閥間の亀裂は、豊臣政権の先行きに暗い影を落としはするが、秀吉の死後も秀頼を中心とした豊臣政権を維持していこうという考えは同じだった。天下をかけた関ヶ原の戦いは元々、豊臣家を取り巻く大名たちの派閥抗争に過ぎなかった。家康はその亀裂を上手く利用したのではなかろうか。

病床で自分の死期が近いことを覚悟した秀吉が案じたのは、秀頼の行く末だった。自分の死後に力のバランスが崩れれば、内部抗争が生じる可能性は否定できない。その時、まだ幼い秀頼の立場が危ういというのは想像に難くない。そうした危機感を募らせたのか、慶長三（一五九八）年夏、秀頼の将来のために安定した政権運営の仕組みを考えた。それが、「五大老・五奉行」による合議制の政治体制だった。

五大老とは徳川家康・前田利家・宇喜多秀家・上杉景勝・毛利輝元の有力大名五人で、これに対して五奉行とは、官吏の役割を担っていたようで、現代でいえば、五大老が大臣、五奉行が次官といったところだろうか。五奉行は、司法担当が、浅野長政（甲斐甲府二二万石）、行政担当が石田三成（近江佐和山一九万石）、土木担当が増田長盛（大和郡山二二万石）、財政担当が長束正家（近江水口五万石）、朝廷や寺社担当が前田玄以（丹波亀岡五万石）という役割を担っていたと思われる。

五大老・五奉行制度は秀吉の死後、豊臣家に対抗する強大な力を持っている家康を豊臣政権内に取り込むことで、秀頼を中心とした政権の安定を図りたいという秀吉の願いであった。しかし、心配した通り、秀吉の願いは家康という壁に阻まれることとなる。秀吉の死後、家康は「五大老・五奉行」制度に揺さぶりをかける。

家康は大老の中でも別格の存在だった。石高で比較しても、当時の政権を握っている豊臣家が二二五万石であるのに対し、徳川家は二五〇万石と豊臣家よりも大きい。ちなみに、他の五大老の石高は前田家八三万石、宇喜多家五七万石、上杉家一二〇万石、毛利家一二〇万石であった。この数字を見ても家康は五大老の中でも抜きん出た力を持っていたのだ。そのため、秀吉はこの制度の中で家康をけん制する重石役として信頼を寄せていた前田利家を充てた。

秀吉の死後は、遺言により家康が伏見城で政務をとり、利家が大坂城で秀頼の傅役(もりやく)をした。このため、家康が力を大きくしても豊臣家の権威を上回ることはできないという図式となっていた。それでも、秀吉から生前、嫡子・秀頼が成人するまでの間、政事を託されたことから、豊臣政権内における最大の実力者として家康の存在感はますます大きくなった。

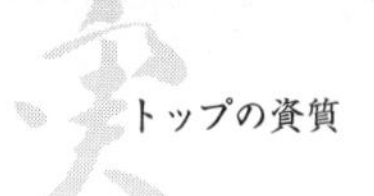

この頃の家康は、秀吉が禁じていた「諸大名の無許可での縁組の禁止」に背いて諸大名との縁組を進めたり、他の大名を頻繁に訪問するなどして法令違反を行うなど、その専横ぶりは目に余るものがあった。

このような状況下で、慶長四（一五九九）年三月三日、事件が起きた。石田三成と対立関係にあった加藤清正や福島正則、浅野幸長（よしなが）、蜂須賀家政、藤堂高虎、黒田長政、細川忠興ら七将が三成の大坂屋敷を襲撃したのだ。

事件が起きた背景には、朝鮮出兵の査定などで三成に対して不満を持っていたのが七将であった。

三成はこの動きを事前に察知して、伏見城に逃れたが、互いににらみ合いの状態が続いた。これに乗じたのが家康だった。家康は、仲裁という名目で石田三成を襲撃しようとした七将から三成を守る形をとりながら、三成を奉行の地位から外し、佐和山に隠居させてしまう。家康としては、都合よく自分に対抗する三成を失脚させることができた。

こうして家康は豊臣政権内でますます強大化する。自分に対抗する勢力を排除していく一方で、諸大名に豊臣家の蔵入地を分け与えるなどして自らの勢力拡大を図る。

第五章　時代を読む力

トップの資質　其ノ五

■時代を読む

トップは、常に時代の変化を読み取り、時代の先を見極める力が求められる。

田中吉政は、織田信長、豊臣秀吉、徳川家康とそれぞれの時代で最も力を持つ優れた上司を見つけ、仕えた。提携する相手を誤れば、死につながる時代にあって、吉政は時代を読む力を持っていたといえるだろう。

運だけで生き残れるものではない。生き残るために、常に情報を収集したり、周りの変化を察知する努力が必要である。

しかも、インターネットなど公に出回る情報だけでなく、価値のある情報を持つ人との人脈をつくる努力も怠らないようにしたい。

■「仁」「義」「礼」を疎かにしない

情けや思いやりの心である「仁」と正しい道を進むための「義」、そして仁を行動に移し、人間関係を築くために欠かせない「礼」。この三つは、人の心を掴むためには必要不可欠な徳目といわれる。人の心に寄り添うことができないトップは、周囲から愛想をつかされるだろう。正しい道を歩かない人も同様である。力によって成り立つ関係やお金によって支えられている関係は、力やお金がなくなれば、部下や取引先は離れていく。

田中吉政は、関ヶ原の戦いで勝った東軍に属し、石田三成を捕らえた。命のやり取りをする戦いの中でも、相手に対する思いやりや礼儀を忘れてはいない。吉政は、体調を崩していた三成を思いやり、心からもてなした。戦った相手であっても相手の立場や心中を思いやる心配りを忘れなかった吉政は、結果的に部下からの尊敬も集めることになる。

■トップとしての品格を保つ

トップには、強さと同時に品格も求められる。一見、強そうに見えても言動が粗暴で品格が低いと受け取られる人は、周囲の評価も上がりづらい。トップの品格は様々な場面で評価されるが、例えば、金銭の使い方にもそれが求められる。自分の見栄や遊興のために使い過ぎるようでは、その組織の将来は危うい。

田中吉政は、大名になってもどちらかというと質素な生活を送り、自分を律しながら領民の暮らしを良くすることに心を砕いた。

組織のトップは、自分の欲に流されることなく、従業員や部下、関係者の幸せや社会貢献を実現するという使命感を忘れずに事にあたりたい。

家康との関係

家康が豊臣政権内で専横を強める中、五大老の一人・上杉景勝は軍事力を増強するため神指城（こうざしじょう）を築城する。豊臣政権では許可無く築城などをすれば法令違反にあたると定めていた。そのため、この景勝の動きは家康に「謀反の兆しあり」と報告された。

慶長五（一六〇〇）年四月一日、家康は景勝に対して伊奈昭綱（いなあきつな）、河村長門（かわむらながと）を派遣。このとき家康は景勝に、「謀反のうわさが流れているので上洛するように」と勧告している。しかし、景勝はこれに応じようとしない。

そこで、家康は豊臣政権の最高執行官として会津攻めを決断する。会津攻めに対しては、五奉行の前田玄以などが中止を訴えたが、家康は聞き入れなかった。

六月六日、大坂城西の丸において、会津攻めの評定が開かれ、八日には御陽成天皇（ごようぜいてんのう）から晒布（さらしぬの）一〇〇反、一五日には秀頼から黄金二万両と米二万石が家康に下賜された。会津攻めは錦の御旗の下での出陣だった。

当然、豊臣系大名も上杉討伐に参加するが、これまでの慣例で戦地の近くに領地を持つ大名から順に出陣の義務を負うことになる。今回は京都よりも東に領地を所有する佐竹や最上、伊達のほか、東海の福島正則、田中吉政、池田輝政、堀尾忠氏（ほりおただうじ）、山内一豊らといった大名が参加することになった。

ところが、今回の上杉討伐軍には、出陣の義務を負う必要がない西国大名の姿もあった。豊前中津（大分県）の黒田長政や肥前唐津（佐賀県）の寺沢広高（てらざわひろたか）、伊予松山（愛媛県）の加藤嘉明（かとうよしあき）、讃岐高松（香川県）の生駒一正（いこまかずまさ）、阿波徳島（徳島県）の蜂須賀至鎮（よししげ）、丹後（京都府）の細川忠興らだ。こうした武将たちは、豊臣政権の戦いだからわざわざ加わったのだろうか。秀吉の死後、家康の力が増していく現実を見て、これからの時代をつくるのは家康だろうという、戦国の世を生き抜く武将の勘が大いに働いたからだといえるかもしれない。常に生と死の狭間に身を置く武将にとって、そうした時代の流れを見抜く力を備えていることは、リーダーとしての必須条件であったはずだし、田中吉政という武将も、時代の波を読む力を持ち合わせていたといえるだろう。

宮部継潤に臣従していたとはいえ、浅井家から織田家に寝返り、織田家の中でも一番の出世頭となった秀吉に見出され、秀吉亡き後は家康を支持する。吉政がなぜ、家康を支持したのか定かではないが、吉政は、秀吉によって関東に配置換えされた家康の後に岡崎を治めた経験から、家康の強さを他の武将よりも肌で感じていたはずだ。一説には、高台院（豊臣秀吉の正室ねね）が秀吉とねねを慕う武将たちに、家康を支持するよう要請したともいわれている。

話を上杉討伐にもどそう。上杉討伐に参加する諸侯は、軍備を整えるため一旦国元に帰る。中でも、家康が伏見から江戸まで帰国する途中に通過する街道を治める大名は、家康を接待するため、家康よりも一足早く自分の国に戻らなければならない。岡崎も家康の通過経路に入っていたので、吉政も長男吉次と共に急ぎ岡崎にもどり、家康をもてなす準備を整えた。

しかし、家康は吉政の岡崎城下を通過せず、四日市から佐久島経由で吉田まで密かに船で渡ろうとした。策略家の家康は、上杉討伐に向かう間に三成が挙兵するであろうと予測していた。上杉討伐に大軍を率いて向かうことで、三成に挙兵の機会を与えようとしたのではないかともいわれている。家康は三成が挙兵した場合のことを考えて、三成と幼なじみだった吉政の領地を避けたのだろう。二人とも秀吉に引き立てられ、豊臣政権を支えてきただけに、当時の家康が吉政に対し警戒心を持っていたとしても不思議ではない。

ところが、そうした家康の不安を察したのか、船が着く佐久島には田中吉次が待ち受けており、家康をもてなした。どうやって家康の行動を察知したのかは不明だが、家康は驚いたに違いない。と同時に、ここまでして自分を接待しようとする田中親子に対する警戒心も少しは弱まったと思われる。

無事に家康の接待を終えた吉次は、吉政よりも先に家康の後を追って江戸に向かった。その後、吉政も江戸入りしている。

豊臣家を二分する関ヶ原の戦い

慶長五（一六〇〇）年七月二一日、家康軍は上杉討伐のため進軍を開始した。しかし七月二四日、下野小山（栃木県小山市）に到着した家康に報せが入る。「三成が挙兵し伏見城を包囲している」と。大軍で上杉討伐に向かえば、三成が兵を挙げるだろうと家康は読んでいた。家康が仕掛けた策に三成はまんまと乗せられたのだ。家康は急きょ、上杉討伐を中止し評定を開く。世にいう小山評定だ。

議題は、「石田三成が豊臣政権に対して兵を挙げた。このまま上杉討伐を進めるか、

それとも、三成を討つべきか」というものだ。三成が兵を挙げることを予想していた家康は誰が自分に味方し、誰が三成に付くのかを見極めようとしたのだ。いわゆる踏み絵を行ったわけだが、福島正則、田中吉政、池田輝政、細川忠興ら評定に出席した全員の意見が「三成討つべし」で一致したため、家康は上杉討伐から三成討伐へと舵を切った。この時、吉政は「近江の地理に詳しい自分に先陣を任せてほしい」と願い出たという。

三成の挙兵は豊臣政権の大老に対する謀反となる。つまり、家康の行動は豊臣政権に対抗する三成を討つための戦いである。

ところが、それからわずか五日程で事態は大きく変わる。三成は、大老の毛利輝元を説得し、しかも、大坂城の奉行衆である長束や増田、前田らを引き入れ、家康を謀反人に仕立て上げてしまったのだ。三成は秀吉が定めた「内府ちがひの条々」に家康が背いてきたことを挙げ、家康こそ豊臣政権の謀反人であると訴えたのだ。この訴えに大坂城の奉行衆である長束正家、増田長盛、前田玄以の三人が署名した。

さらに、大老の毛利輝元と宇喜多秀家から諸大名に対する挙兵要請まで取り付けた。五大老の内、前田利家は既に亡くなっており、家康以外の大老と三奉行が三成の主張を支持するという逆転劇をやってのけた。非常に優れた政治手腕を三成は発揮したのだ。

今度は家康が反乱軍となってしまった。わずか五日程度で、天下の情勢がひっくり返るとは策略家の家康であっても想定外であったろう。ここに至り、「反乱軍である三成を征伐する」という前提が崩れてしまったのだから、家康としても胸中穏やかではない。小山評定で家康に従うと約束を取り付けたものの、元々彼らは豊臣系の武将たちだ。政権の執行機関が三成の訴えを支持し、家康を反乱軍と決めたということは、家康に味方すれば豊臣家に弓を引くことになる。家康は、豊臣家の家臣である彼らが心変わりするのを恐れた。だが、家康の心配は現実とはならなかった。小山評定で家康支持を表明した田中吉政や黒田長政らは家康に付いた。吉政は、すぐさま四男の忠政を人質として江戸に送るなど家康側であることを印象付けている。

そして、いよいよ天下分け目の戦いへと時代が動く。三成が結成した西軍は、毛利輝元を総大将として大坂城に入った。一方、家康率いる東軍は、八月中旬には清洲に集結する。しかし、決戦の火蓋が切って落とされる気配がない。東軍の大将である家康が江戸から動こうとしないのだ。反乱軍とされた家康は、西軍側から豊臣秀頼が出て来ることを恐れた節がある。秀頼の姿を見れば、豊臣系の武将が西軍に寝返るかもしれないからだ。

なかなか腰を上げようとしない家康に対して、東軍の武将たちは苛立ちを募らせる。中には、家康を非難する者までも現れ、足並みがそろわない。そこで、家康は使者を送り、「皆が、いっこうに敵を攻めようとしないので、家康様も出陣なさらないのです」と伝えさせる。すると、福島正則や田中吉政、細川忠興らが岐阜城を攻めることを決する。

八月二一日、いよいよ攻撃のために動き出した。田中吉政・吉次親子は福島正則、黒田長政、細川忠興らとともに木曽川の下流を渡り、池田輝政、山内一豊らは木曽川の上流を渡って岐阜を目指した。吉政の部隊は、木曽川下流の美濃国竹ヶ鼻城（岐阜県、杉浦重勝）を落とし、池田輝政らの部隊は岐阜城（織田秀信）を落とした。

このまま一気に岐阜に進軍するかと思いきや、田中吉政、黒田長政、藤堂高虎らは西軍の主力が集まっている大垣城へ向かい合渡川（ごうとがわ）に着く。対岸には三成の部隊一〇〇〇人が守りを固めており、容易に渡れる状況ではない。そこで吉政は、情報を得るため一人村に入り、そこで出会った僧侶に川を渡る場所を教えてもらったという。

吉政はその僧侶の助言通りに川を渡って敵軍に突進した。守っていた石田軍とぶつかり激戦の末、この部隊を倒し、ついに西軍の防衛線を突破することに成功した。

吉政らは、大垣城を目指し岐阜城を攻め落とした福島正則ら主力部隊と合流し、八月二四日に赤坂の高地に陣を敷く。ここは、三成がいる大垣城からわずか一里ほどの高台だった。

「岐阜城陥落」の報せを受けた家康は九月一日、ようやく江戸城を出た。一四日には吉政らが陣を敷く赤坂に到着し、三成攻略の軍議を開く。ここで、三成がいる大垣城を落とすには時間がかかると判断、佐和山城から大坂に向かうことにする。しかし、この情報を察知した西軍は大垣城を出て佐和山城に通じる道をふさぐため関ヶ原に陣を敷いた。

東軍は、桃配山（ももくばりやま）に家康の本陣を敷く。吉政は右翼の中間で黒田長政軍の隣に位置し、ちょうど三成の部隊と対峙した。東軍は七万四〇〇〇、西軍は八万二〇〇〇と数において西軍がわずかに有利と思われた。

慶長五（一六〇〇）年九月一五日午前八時頃、両軍対峙した状態の中から井伊直政（いいなおまさ）が家康の四男松平忠吉（まつだいらただよし）を伴い、前線を抜け出し攻撃を仕掛けたのをきっかけに関ヶ

関ヶ原　田中吉政隊

原の戦いがはじまった。はじまってみると、西軍の毛利隊が戦に加わらず、小早川秀秋（こばやかわひであき）は家康に内通していて動かない。他にも様子見を決め込む部隊があるなど、西軍の中で戦闘に加わっている部隊は、東軍にははるかに及ばない。西軍にいながら戦いに参加しなかったのは、豊臣家に義理立てして西軍に付いたが、家康側に利があるとみてあえて戦いに参加しないことで、家康に味方する立場を示そうとしたのであろう。すでに家康に通じていた者もいたことを考えると、西軍の実質的な兵力は随分少なくなる。

開戦当初は西軍が有利に進め、昼過ぎまでは互角の戦いを展開したが、小早川秀秋が大谷吉継に攻撃を仕掛けると、様子見を決め込んでいた西軍部隊が次々に東軍に寝返り、西軍を攻撃しはじめた。こうした味方の裏切りに西軍も崩れはじめ、西軍の敗戦が濃くなると三成や小西行長、宇喜多秀家らは逃亡し、戦わなかった多くの部隊も戦場を離脱してしまう。こうして東西両軍合わせて一五万もの軍勢による歴史的な戦いは、開始からわずか半日で家康率いる東軍の勝利に終わった。

家康は逃亡した三成を追撃するため、小早川秀秋をはじめ西軍から東軍に寝返った武将に三成の居城である佐和山城を攻撃させた。寝返った武将が前の主を攻撃する先陣を命じられることはよくある話だが、この追撃部隊になぜか吉政も加わった。吉政がこの部隊に加えられたのは、幼なじみであった三成の顔を知っているためであるが、吉政に対する警戒心を家康がこの時にも抱いていたからだと考えられなくもない。

三成捕縛

関ヶ原の戦いから二日後の九月一七日、三成の追撃部隊は佐和山城の攻撃をはじめた。激しい抵抗を受けながらも翌一八日には落城させた。佐和山城を攻撃しながらも、吉政は近隣の村々に三成探索の書状を出している。三成が佐和山城に居ないことも想定しての判断だったと思われる。実際、佐和山城を落としてみると三成は居ない。吉政は本格的に三成探索のための人員を送り出した。

この頃、三成は伊吹山の山中に逃げ込んでいたが、あいにく腹痛を起こして、かなり苦しみながらの逃亡を強いられていた。そうして逃亡している三成の耳に、吉政が三成を探しているという報せが入る。腹痛の苦しみからこれ以上の逃亡は難しいと悟ったのか、幼なじみの吉政の名前を聞いて覚悟を決めたのか、三成は「吉政に私を引き渡すが良い」と周りの者に伝え、自身の居場所を吉政に知らせた。観念した三成が「どうせ捕まるのなら、幼なじみの吉政に」と思ったのであろうか。

三成からの報せを受けた吉政は、家臣の田中傳左衛門と澤田少右衛門らを迎えにやり、自らも途中まで出迎えた。敗軍の大将格とはいえ、捕らえる立場の吉政も内心複雑だったに違いない。三成は吉政に向かって「田兵(たひょう)」(田中兵部大輔(ひょうぶだゆう))と幼なじみに戻って懐かしく呼び掛けた。吉政は三成を丁重に扱い、腹痛に苦しんでいた三成の体をいたわり、ニラ雑炊でもてなした。

西軍の実質的な首謀者を捕縛したとの報せは、すぐに家康に伝えられた。家康は大いに喜んだという。井ノ口村（伊香郡高月町）にしばらく三成の身柄をとどめた後、吉政は大津の家康の陣に三成を届けた。別れ際に三成は、吉政の気遣いに対し秀吉から賜った脇差を与え、感謝の気持ちを伝えたという。

家康自身が命じたこととはいえ、期待通り三成を捕らえたことで、それまで抱いていた吉政への警戒心はこれでかなり消えたようにも思える。

小説　吉政と三成「韮(にら)雑炊」

箱嶌八郎

（一）

慶長五（一六〇〇）年九月一五日（陽暦一〇月二一日）。前日から降り始めた大雨は未明には止んだ。関ヶ原は、今、尾根筋を流れ降りてきた濃い霧の底にある。東西合わせて一五万もの軍兵が影絵のように無言で対峙している。甲冑の擦れ音にまじって響く軍馬のいななきに、朝霧が震えた。

赤地に「大一大万大吉」と白く染め抜いた石田三成の軍旗が、霧に赤くにじんで林立している。ここ伊吹山の山裾笹尾山の三成の陣中に、甲賀衆の乱破が一人滑るように忍び入ってきた。

「中山道の秀忠軍はどこまで来ておる」

「はっ。まだ真田の上田城に釘付けでござります」

荒い息を吐きながら、三成の問いに答えた。

「そうか。ごくろう」

砂金の入った革袋を投げて与え、三成は床几から立ち上がった。一四歳の時、見いだされて秀吉の茶坊主となり、四一歳の今、西軍八万もの軍勢を集める得る立場にあった。その自信からにじみ出る貫禄が、不動明王の火炎のようにオーラを発し、五尺の身体を大きく見せていた。

「家康の精鋭部隊三万八千の兵が届かぬうちに打ち抜け。火縄は湿らすなよ。霧も晴れそうやわ」

今なら勝てると三成は思った。辰の刻（午前八時）関ヶ原を白く覆った霧が流れはじめた。八万の西軍のうち宇喜多、小西、大谷、蒲生、島左近の諸隊が動き出した。南宮山と松尾山に布陣する毛利、小早川の陣営はまだ動く気配がない。

東軍の田中吉政は右翼の黒田長政隊、細川忠興隊、加藤嘉明隊の左に布陣した。その左には筒井、松平忠吉そして福島正則隊が陣を構え西軍と対峙している。吉政、五二歳。三〇歳代の諸将に比べ若いと言える世代ではない。しかし、以前、賊との格闘で受けた頬から唇に懸けての刀傷が引き締まって凄みを見せ、決戦を前に、きびきびした動きに生気がみなぎっていた。

「いくさとは打ち抜くことぞ。一歩も引くな。この一戦に命を捨ててかかれ」

陣頭に躍り出て、勇む駒を御しながら、吉政は田中勢に気合いをかけてまわった。戦国大名の出兵数は石高一〇石に三人の割合であったらしい。三河岡崎一〇万石の大名田中吉政は三〇〇〇の兵を率いていた。しかし、これは戦闘者のみであって、雑役の者を加えると実数はもっと多かった。黒田以下、他の武将も同じく三〇〇〇から五〇〇〇の兵を率いて布陣していた。

家康は三万の兵で桃配山に布陣した。秀吉恩顧の武将の働きを高所から見下ろしている。先に江戸を出立し中山道を上ってくる秀忠の旗本精鋭部隊三万八〇〇〇騎はまだ到着しない。家康はいらだっていた。

「あの馬鹿奴。何をもたもたしておる。たかが二〇〇〇の真田の小城を抜けずにおるのか」

何度も中山道口をふり返ってみた。息子のふがいなさを怒り、親指の爪を噛んで吐き捨てるように言った。家康五八歳。焦ると爪を噛む癖があった。

「殿。機は熟しております。今かかりましょう」

若い井伊直政が促す。

「秀忠様を待ってかかるべきだ」

本田正信が待機論を述べた。

「戦は兵の数だけではない。戦機が大事じゃ」

家康が最も畏れていたのは、秀頼の出陣だった。

「いつ寝返るかわからぬ豊臣恩顧の奴ばらが前線におる。西軍総大将の毛利輝元が秀頼を擁して戦場に姿を見せれば、逆波のように我らに襲いかかってこよう。秀忠に預けた旗本本隊さえいてくれれば」

声を出しては誰にも言えぬおびえを家康は踏み敷いていた。

午前一〇時、霧が晴れてきた。井伊直政の赤備えの手勢が黒田、細川、田中隊の脇をすり抜けるように駆け出した。家康の四男松平忠吉勢がそれに続いて突撃、西軍に急襲をしかけた。家康に内命を受けた計画的抜け駆けである。満杯の桶の栓を抜けば流れを作って一気に水が飛び出すように、東軍の軍兵が一斉に動き始めた。兵は詭道。勢い也。戦上手と言われる家康の思いきった用兵の妙であった。

策に乗せられ、秀吉恩顧の東軍諸隊も遅れを取ってはならじと、一斉に鉄砲を射かけてかっての仲間、石田勢、宇喜多勢に襲いかかった。

西軍は三成軍の勇将、島左近勢が反撃の火蓋を切った。鉄砲隊が一斉射撃をしては後方に下がる。弾込めする鉄砲隊を援護するように弓隊が矢を放つ。白兵戦の距離まで迫ると最前列の長鑓隊がお互い鑓を振るって叩き合いを始めた。〈叩き合い〉が戦いの語源と言われる。上から叩く、足下をなぎ払う、突きを入れる。そして刀を振るって敵陣に切り込む。気圧された方が先に崩れる。

太閤秀吉の下で同じ釜のメシを食った仲の武将同士がぶつかり合う羽目になった。攻め込まれた西軍が激しく叩き返し、東軍が追い崩されようとしていた。昼までは西軍が優勢であった。

黒田長政、田中吉政、藤堂高虎、福島正則勢が踏みとどまり、島左近隊に反撃する。黒田長政の鉄砲隊が放った弾に島左近は重傷を負って後退。東軍が西軍を押し戻した。

午の刻（昼一二時）、太陽は頭上にあった。

「鉄砲隊。松尾山の小早川の陣に撃ちかけてみよ」

秀忠の到着を諦めた家康は一気に賭けに出た。あらかた下約束ができいたはずの小早川勢がまだ動かない。家康の鉄砲隊が松尾山の小早川の陣に向かって発砲した。ダダダーンと数挺の鉄砲が発する催促と威しの砲声が、晴れ渡った秋天にはじけるように響いた。

こだまを返すように山が動いた。松尾山の小早川一万五〇〇〇の軍勢が山上から山津波のように駈け下ってきた。そのまま、東軍に向かうはずの軍勢が味方の西軍大谷吉継の陣に横合いから襲いかかった。不意をつかれた大谷軍は、小早川の不審な動きに用心していたらしく、敢然と立ち向かい小早川軍を押し戻した。突然、西軍内の日和見部隊、脇坂、朽木、小川、赤座の軍勢が裏切り、ハイエナのように大谷軍に襲いかかった。小早川勢と交戦中の大谷勢は横っ腹に思わぬ不意打ちを食らった。大谷勢が崩れた。余勢を駆って宇喜多勢にも大津波のように襲いかかった。

「うむ。これで良し。皆、大声をだせ。鬨(とき)の声をあげよ」

桃配山から少し前進し、小高い丘の上から眺めていた家康は、本陣の軍勢に鯨波(げいは)を上げさせた。槍の長柄を打ち鳴らし、「ウオー」という喊声に、東軍はさらに勢いづいた。倒れて投げ出されていく西軍の軍旗、それを追って押し立てていく東軍の軍旗。赤地に金色の井を描く井伊の軍旗。紫地に白抜きの巻き藤は黒田長政。黄土に白抜きの左三つ巴の田中吉政勢の軍旗。白地に赤丸の藤堂高虎の軍旗が被さるように押し寄せる。

赤地に白く大一大万大吉と染め抜いた石田三成の軍旗がばたばた地に投げ出され、

敗走する西軍団に踏み倒されていく。

「まるで白昼夢のようじゃ」

頭上の太陽があからさまに照らし出す関ヶ原の戦闘絵巻を心地好げに見下ろす家康は、まだ戦陣に到着せぬ秀忠の存在をもうすっかり忘れていた。

黒地に「五」の黄文字の旗指物を背に羽ばたかせ、徳川軍の伝令の侍が馬を駆って本陣に乗り寄せてくる。

「敵は総崩れ。お味方、大勝利でござります る」

小栗忠正が伝令の言を唇を震わせながら家康に伝えた。

「よし。三成を捕らえよ」

緊張感がいちどきにゆるんだのか、床几から立ち上がろうとして家康が少しふらついた。

本多正信が手を添えようとすると、

「大事無い。後で田中兵部殿を呼べ。兵部は三成と同郷であったな」

正信に命ずると急に空腹をおぼえたのか、

「茶づけを持て」

と、小姓に命じた。

「あれはなんじゃ」

「丸に十の字は島津義弘の陣でござります。今ごろ、動きはじめましたようで、すごい勢いでござります」

「うむ。島津の勢いは激しいのう。しかし、今となってはなんの意味があろう」

一五〇〇の兵を連れて薩摩から上ってきた島津義弘軍は何故か専守防衛に徹していた。西軍があらかた総崩れとなって戦場から姿を消したころ。午後二時半を回って、福島正則、井伊直政、小早川秀秋に囲まれた。にわかに一丸となって戦場脱出を図って正面攻撃に出た。一五〇〇の兵のあらかたが討たれ、わずかに八〇騎までに減った兵が島津義弘を守って大坂方面に落ちていった。これで西軍はすべて戦場より消えた。

午後の太陽が戦い終わった戦場を照らしていた。数千の兵士と軍馬の死体が固まりかけた血の海の中に転がり、まだ死にきれずにいる者のうめき声があちこちで聞こえた。山陰に首のない鎧武者や鼻から上唇にかけてそぎ落とされた首が集められていた。鎧武者の首なら数に応じての褒美が出る。首を取って持ち帰ればその数に応じて褒美が出る。首実検の結果によっては家禄が大いに加増される。

「おまえ、そんなに腰の周りに首をぶら下げては走るにも走れんじゃろう」

「ううん。お館様にお見せすれば侍大将にしてもらえるかもしれんでの」

「そんなら鼻をそげ。こんなふうに上唇も一緒に削ぎおとすんじゃ。髭のない上唇は女首と見られて一文にもならんからな」

足軽雑兵同士が話している。戦場慣れした足軽が腰袋からキクラゲに似た削ぎ鼻を引っ張り出して見せた。

ある者は武者の死体からめぼしい金品を奪っていた。遺体が硬く握っている太刀をもぎ取り、鞘に収めて束にし肩に担いでいる若い雑兵が数名いた。戦勝者の余得である。

「お前ら。太刀ばかし拾ってどうする。御貸具足に左三つ巴の紋所は田中家の者か」

「おお。そうよ。田中吉政公の侍大将宮川様配下の足軽、下坂(しもさか)友助という者だ」

「太刀の目利きでもするのか」

入り交じって戦った福島正則の手の足軽長船(おさふね)三郎に話しかけられた。

「近江の下坂村に帰れば小鍛冶下坂入道の門人よ。師匠に命じられてご贔屓(ひいき)の田中吉政様の配下におって武者の刀の手入れをしておる。合戦にも飛び込むし、刀集めもする」

「そうか、陣場鍛冶か。刀など村に戻ればいくらもあろうに」

「ばかな。鍛てばたやすくできるものではない。折れず曲がらず働いた太刀を持って帰りその鍛え目を知るためよ。これ見てみい。おそらく兜の八幡座の金具を打ったのであろう、物打ちの刃が大きく欠けている。しかし、折れても曲がってもおらぬ。地金の鍛えが良いに違わん。太刀は折れさえしなければ叩いて敵を倒せるもんや」

下坂友助は見ほれるように、首無し武者の手からもぎ取った長剣に陽光を滑らせた。

「戦がちかくなるとなあ。近隣の大名から鑓と刀の注文が間に合わぬように舞い込んでくるんやわ。その時、拾い刀を仕立て直して間に合わせるのよ。戦がある限り我らが仕事は無くなることはない」

「いい稼業だな。お前らは」

「おお。だから、田中様には勝ち抜いてもらわねば困るのよ。おい、みんな。陣に戻るか」

陣中鍛冶仲間の足軽衆に声をかけた。

下坂友助は拾い集めた刀を十本ばかり束にして「うんこらしょ」と、肩に担ぎ上げ田中吉政の陣営に戻っていった。

兵が引き上げたあと、夕闇の中をうごめく野ねずみのように村人が集まってきた。

武者の遺骸からすべてをはぎ取りはじめ、あっという間に首のない裸の骸（むくろ）にしてしまう。

冷たい夜の雨が激しく降り始めた。戦場の血をきれいに洗い流して元の原野に戻すように。たった一日で天下は変わってしまった。陽が昇ると関ヶ原の大地は骸を喰い荒らす野犬とカラスの群に黒く覆われていた。

（二）

笹尾山の石田三成の陣は、引き裂かれた幔幕（まんまく）の中に主のない三成の床几（しょうぎ）がぽつんとあった。負け戦の陣中にはなにも残っていない。

戦国の戦を現在に置き換えれば、選挙戦に当たるだろう。筆者はかつて、都内の国会議員選挙に学生アルバイトで参加したことがある。その候補者の落選の報がＴＶで流された途端、事務所に押しかけていた後援者がクモの子を散らすように居なくなる。薄情なものだ。どかどかとリース屋のお兄さんたちがすかさず入り込んできて、散乱した選挙ポスターを踏みつけながら、道具類を運び去って行く。部屋角に追いやられた候補者夫妻だけが、血の気の引いた顔で、ぽつんとたたずんでいた光景を思い出す。これから借金取りと官憲の選挙違反捜査が始まる。それは落ち武者狩りの光景に似ていた。

三成は持ち城の佐和山の城が東軍に囲まれとても入れない。わずかの兵とともに笹尾山の尾根伝いに伊吹山の深みに落ちていった。

「殿。佐和山のお城が陥とされました」

甲賀衆の芥川の手のものが忍者仲間を使って情報を伝えた。

「うむ。そうか。家のものは……」

「大殿はじめ奥方様はご自害。ご立派なご最後を」

甲賀者がそこまで言うと、一瞬、三成は目を閉じた。

「是非に及ばず。思いが吹っ切れた。いざ、急ごう。して、内府はどこにをる」

「徳川様は大津の城に入城されました」

「大坂城には入いらいでか」

秀頼のことが気がかりであったが、踏み敷く落ち葉の音にさえ気を使う落ち武者の境遇であることがなんとも歯痒い思いであった。大坂城にさえ戻ることができれば秀頼をいただいて、豊臣恩顧の大名を再編成してもうひと合戦の思いが三成の頭を去来していた。

大津城に入城した家康はここに本陣を移した。自身は大坂城には入らず。黒田長政、福島正則を送って毛利輝元と講和を結ばせた。

「田中兵部、参上致しました」

首実検中の家康のもとに田中吉政の到着が告げられた。

「内府様のご勝利まことに祝着に存じます」

まだ甲冑の汚れも落とせぬまま、五二歳の吉政が戦疲れの残った表情で家康の前に出て手をついた。

「おお。田中兵部どの。こたびの合戦、おみごとな戦振りでござった。家康、感服つかまつってござる」

大戦の賭けに勝った家康の顔は昨日の緊張が一夜でほぐれ、顔をほころばせた。小姓に命じて床几を据え、吉政にすすめた。

「折り入って、貴殿にお頼み申したき儀がござる」

「そのことは言われませいでも兵部心得ております。石田治部少輔のことでござりましょう」

吉政はすでに配下の者を伊吹山麓一帯の捜索に向かわせていた。

「うむ。貴殿は三成と同じ近江の出ゆえ、立ち寄り先もよくわかるであろう。お頼み申す」

「はは。しかと承りました」

吉政が生まれた北近江一帯は、もともと、佐々木源氏の京極氏と同族の六角氏が支配権をめぐって争っていた。京極氏の家臣である浅井氏が下克上して勢力を伸ばし、永禄期に浅井長政が六角氏を破って完全に支配下に置いた。

田中吉政が生まれたと言われる宮部村、その母の出身地の国友村、そして三成の出生の地の石田村は近隣どうしで、浅井氏の支配下にあった。現在の地図をみても滋賀県長浜市の中にありほぼ同一地区である。伊吹山の南西に位置している。歳は一二歳ほど吉政が上であるが、まさに同郷人である。姉川水域の同じ水を飲んで育ったにちがいない。村同志の若衆の喧嘩仲間でもあったろう。

元亀二（一五七一）年浅井氏配下の土豪宮部継潤とその家臣、吉政も一緒に浅井氏から信長、秀吉の配下に移った。その二年後、天正元年に領主の浅井氏は信長に滅ぼされた。

秀吉が長浜に城を構え、宮部、田中も秀吉に仕えることになる。やがて三成、石田佐吉も秀吉の茶坊主として出仕していたのであるから、ときおり、城内で顔を合わせる同郷人であった。

「おい。佐吉」

と三成は兄貴株の吉政に呼ばれ、

「はい。田中の久兵衛はん」

そう、答えていたかもしれない。

「あやつめ、お取り次ぎ役の奏者に出世しおって、佐吉を通さねば殿のもとにいけないとは不便なこっちゃ。秀吉さまになにかとお耳に入れておることだろう」

利発な三成の噂に、実務屋で真っ正直に戦塵にまみれ、城づくりの泥を被って現場で仕事を完遂する律儀な吉政には苦々しい存在であったとも思われる。

三成は秀吉に直接見いだされ茶坊主として仕えたが、その利発さが秀吉に気に入られて奏者となった。田中吉政は宮部継潤の配下であったとき秀吉に見いだされたのであるから、その関係には若干の距離感があった。

つまり、社長秘書と業務部長の関係である。社長への報告などには常に奏者としての秘書三成が取り次いだのであるから、実務屋で真っ正直に仕事を完遂する吉政には、時として小賢しく苦々しい存在であったろうことは想像に難くない。しかし、関白秀次が秀吉から腹を切らされたとき、付け家老の吉政が責任を免れたのは同郷人の三成のとりなしが大きかったといわれる。

その三成を吉政はいま追っている。北近江の井口村に陣所を置いた。伊吹山の山麓から二人の郷里のある北近江一帯に配下の兵をやって捜索に当たらせた。吉政自身も捜索に加わった。

「なんとしてもこのおれが佐吉を捕縛する。他のものには捕らえさせたくはない。落ち武者となった佐吉が哀れや。幼いころから知るものとしてあ奴に恥をかかせたくないのや」

そう思いながら、少数の兵と伊吹山の中に入っていった。

「法螺は鳴らすな、鉦(かね)は叩くなよ。静かに逐(お)え」

大仰な山狩りが三成を追いつめて自害させるのを恐れた。

晩秋も冬間近の山路は紅葉に彩られていた。林間に分厚く散り敷いた落ち葉は昨夜の雨で深く湿っていて踏んでも音がしない。ときおり、伊吹颪（おろし）がごおーっと吹き降り、木々を揺すっては落葉を急がせ、裸木の山にしてゆく。

吉政は馬を下り、部下の侍、雑兵らと共に林の中に分け入った。

「あの時に似ている」

天正一〇年六月一三日（陽暦七月一二日）の天王山の戦いを思い起こしていた。中国攻めの途中、本能寺で織田信長が明智光秀に討たれたのは六月五日、陽暦七月四日。一〇日後には秀吉軍は中国路を走り抜いて、光秀との天王山の戦いに臨んでいた。吉政は秀吉の旗本であったが甥の秀次の付け家老として秀次の陣中にいた。三四歳だった。二二歳の石田三成も秀吉幕下に近侍していたはずである。

「あのときの明智さまのように、佐吉はいま逃げ回っていよう。そんな自分の姿を、あ奴め、思いもしなかったろうな。もう若くはない四一歳のはずだ。山の寒さは身にこたえよう」

吉政はひとりごちた。家康の手前、三成への同情は表だっては言えない。

「この寒さでは保つまいから、三成は山を下りたのではないか」

吉政は北近江の井口村の陣営に戻った。

慶長五年九月（陽暦一〇月）末、晩秋も冬間近であった。

「渡辺。多人数では目立つ。ここで皆とも別れよう。大坂の城でまた会おう」

最後まで付き従った家臣の渡辺勘平、磯野平三郎、塩野清介とも伊吹山の山中で別れた。目立たぬように三成は一人となって山中をさまよっている。目立つ鎧も兜も脱ぎ捨てた。太刀も捨て、脇差一本を隠し持ち、炭小屋で手に入れた野良着に着替えた。侍から木こりに姿を変えて二、三日間、伊吹の山裾をさまよっていた。

佐和山の城は陥落した。家康が大津の城に入った。と、甲賀衆の芥川の手のものに聞いていたので、大坂入城は断念した。しぶり腹から来る気の弱りか、伊吹山から下り、足が自然と故郷の北近江に向かっていた。

腹痛を抱えながら、三成の旧領、北近江の古橋村までたどり着いた。村のはずれの杉木立に囲まれた鎮守さまの社に上がり込み横たわった。しばらく、寝入ったようである。目を覚ますと辺りは暮れていた。闇の向こうから人魂のような火の塊が五つ、六つ、寄りつ離れつ、ふわりふわりと揺れながら近づいてくる。

「鬼火か」

三成は脇差しを引き寄せて構えた。

「落ち武者か。どこぞの者ぞ」

火の玉が寄り集まって声を発した。三成は後ずさったが松明に囲まれて観念した。

「石田さまとお見受け致しまするが。われらはここ古橋村のものです。ご心配にはおよびませぬ。田中さまからお達しがまわっております。私は与次郎と申します。以前、石田さまにはお世話になったものです」

ずいぶん昔のことだが、隣村との争いで、三成がこの村に有利な裁定を下したことを覚えていてくれたようだ。

「ここでは危のうございます」

与次郎の家の山陰の岩の祠に隠してくれた。運んできてくれたワラを敷いて、三成は横になった。白湯と粗末だが食物も出してくれた。

一体の木彫りの古仁王像が祠に祀られていた。蓙（ござ）の風除けの隙間から一条の赤い夕日が射し込んで、仁王の無骨なお顔に当たった。左の額から唇にかけて、木目にひび割れが走っているのがくっきり照らし出された。だれかに似ていると思った。

「そうや、田兵（たひょう）や。田中の久兵衛はんの顔や」

田中吉政が秀次に仕えていたころ、賊と格闘して左の頬から唇にかけ刀傷を負ったことがある。秀吉がその傷を見て、

「汝、面ぬるかりしに、傷を蒙って勇猛な姿あらわる」

そう評し、

「いい面構えになったのう、吉政。その誉れ傷、大事にせいよ」

笑いながら言ったのを三成は懐かしく思い出した。

キー、キー、キイーと突然、鵙（もず）が高音を張った。ふっと我に返って、

「与次郎とやら、世話になったの。わしを匿っていたのでは、お主にも村のものにも迷惑がかかるやろう。田中兵部の手にわしを渡せ。兵部ならよい」

いやがる与次郎を説得して、井口村の吉政の本陣に駆け込ませた。

しばらくして、吉政の家臣、田中伝左衛門と沢田少右衛門という侍がやってきた。

九月二一日（陽暦一〇月二七日）のことである。関ヶ原の戦いに敗れて六日目であった。

「石田どのか」

「田兵の手のものか」

三成は静かに縄を受けた。

（三）

「田兵。久しぶりやの」

井口村の吉政の陣営に連れてこられた三成が先に声をかけた。天正一六年、兵部大輔に任じられた田中吉政を三成は略して、心易く田兵と呼んでいた。

横柄な口ぶりであったがその成りを見て、吉政は思わず涙ぐんだ。

「伝左衛門。石田治部殿の縄を解け。ここでは話もできぬゆえ、寝所に使っておる寺へ参られよ」

吉政は先に立って、風が吹けば、一面、銀色に輝くススキ原を掻き分けながら、古寺に三成を案内した。庫裏の一室に着くと、吉政は小姓に風呂を沸かすように命じた。

「佐吉はん。先ずは、ひと風呂浴びなはれ。それからや、話は」

今や治部少輔でも兵部大輔でもない。幼名、佐吉と久兵衛がしばらく無言で庫裏の破れ畳の上に座っていた。剥げ落ちかけた壁の隙間から、蟋蟀(こおろぎ)のすがれ声が忘れかけたころにまた聞こえた。

「明日、また会おう。しぶり腹で腹痛とか。あとで薬湯と粥を運ばせるよってな。今宵はぐっすり寝みなはれ」

「おおきに。世話になりもうす」

温かい湯に浸かり、糞にまみれたふんどしを捨て、真新しいふんどしに付け替えた。久しぶりの布団の上に三成は身体を横たえた。すぐ崩れるように眠りに落ちた。このまま寝ている間に首を掻かれても良いと思った。

陣に戻ると、吉政は配下の者を早馬で走らせ、大津城の家康の元に三成確保の知らせを入れた。

翌朝、爽快な気分で三成は目覚めた。吉政に捕らわれてよかったとひそかに思った。

庫裏の廊下をぎすぎす踏みならす音がして、

「おおーい。起きてはるかあ」

呼びかける声がした。薬湯となにやら煮物の入った鉄鍋を小者に持たせ吉政がやってきた。

「眠れましたかいな、佐吉はん。朝餉を一緒によばれよ。昨日、おまはんが食べたい言うた韮雑炊や。これはわしも好物でな、腹の腑が芯から温まりますんや」

笑いながら、傷痕で凄味のある顔をゆるめて、炭火のはぜるいろりの前にどかとあぐらを組んで座った。白くて小さな三成の手に比べ、分厚く大きな手で椀を渡し、吉政が食をすすめた。鍋を自在鉤に吊し蓋を取ると卵でとじた韮の香ばしい匂いが立ちこめ、湯気が温かく二人を包みこんだ。

「懐かし匂いやなあ。長浜のお城の台所で大政所さまと北の政所さまが『たんと、たべりゃあ』言うて、手ずから注いでいただいたもんや。加藤虎之介、福島市松、黒田松寿丸等の育ち盛りの荒小姓ともいっしょにな。何杯もお代わりして食ったもんや」

「そうかあ。そのころわしはまだ宮部継潤殿の配下であった。もう二六、七年も昔のことよな」

「温い韮雑炊がこないうまいものとは気づかなんだ。もうひと椀、馳走になろうか」

三成の胃は戦場でのストレスで働きを止めていた。山中逃避行では煙が上がるのを用心し火が使えず、生米ばかり食っていた。そのため、消化不良からくる腹痛とひどい下痢に悩ませられていた。湯で温たまり、ぐっすり寝入ったら、胃の緊張も緩んだのか、急に空腹をおぼえ、胃の腑が食を受け入れた。

「世話になりましたな。この味、けっして忘れませぬぞ」

三日間、井口村に留め。三成は体力を取り戻した。この間、二人はなにを語り合ったか。

以下のような会話を想像する。

「われら西軍の将の消息が知りたい」

三成は戦に負け敗走した事実は理解していても、その後の戦況は知る立場になかった。

「島左近は黒田の鉄砲隊に撃たれて落命。大谷刑部は戦陣で自害。島津軍はみな驚き入るような戦ぶりで戦場を突破し、大坂より薩摩に戻られた由。宇喜多中納言も薩摩に向かわれたと聞いており申す。安国寺恵瓊と小西行長はすでに捕らわれて内府の陣におるらしゅうござる」

現在知り得ている情報を吉政が伝えた。

「そうか。島左近は討ち死にしたか。大谷刑部にはすまぬことをいたした」

三成は思わず声を詰まらせた。

「すべて故太閤殿下のお子、秀頼君の御為に内府を討とうとしたまでで、他意はござらなんだ。小早川秀秋の裏切りさえ無ければと思うと口惜しいことや。大坂城に舞い戻り秀頼君をいただいて陣容を立て直せれば、まだまだ、勝負はわかりませんぞ。と申しても、今や詮無いこと。つまりは、三成の器量と天運が内府に及ばなんだだけのことや」

「治部殿はやるだけのことはなされた。見事な陣固めでござりましたぞ。勝負は時の運と申すではござらんか」

吉政は慰めた。

「とは申せ。毛利輝元と会津の上杉景勝は見損なったよな。あの時、手筈通りに兵を動かしておれば内府の命はなかったであろう。あのご仁らの器量が小さかったのよ。毛利元就公や上杉謙信公であればきっと動かれたことであろうに。口惜しい限りじゃ。直江山城もさぞや歯がゆい思いをしたことであろう」

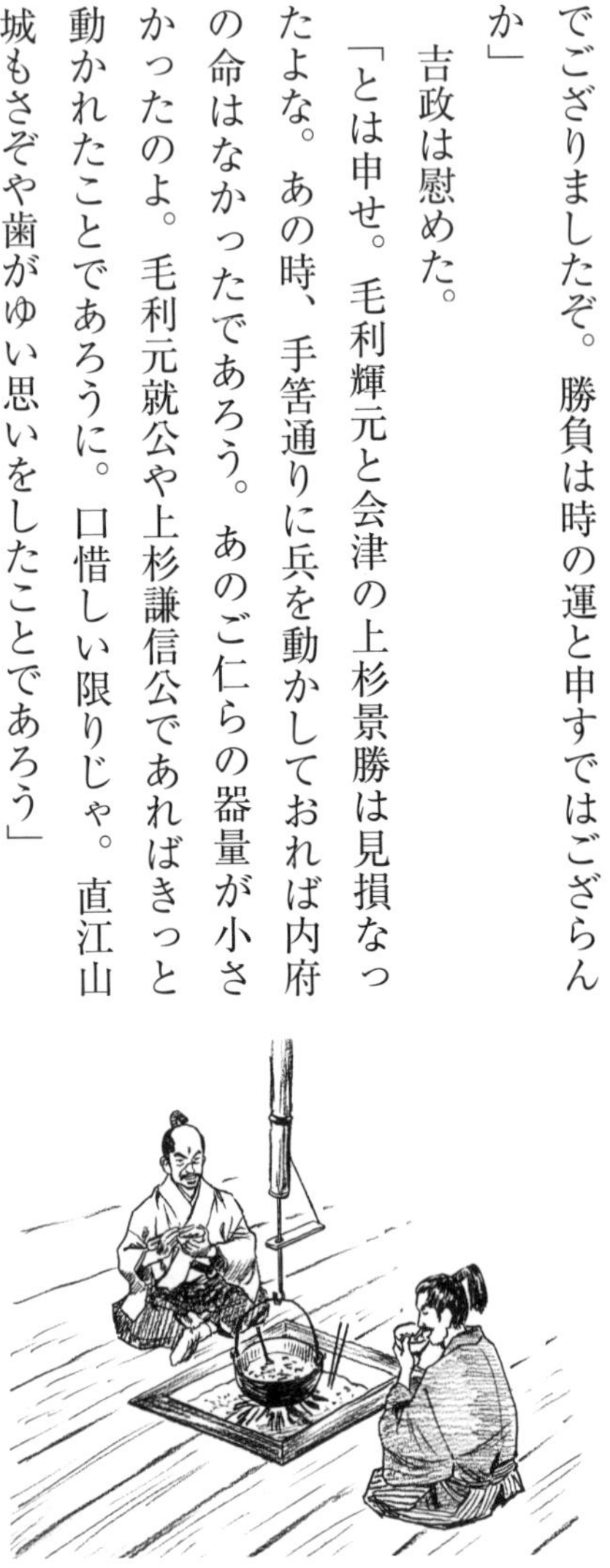

三成の本音が出てきた。

「ところで。加藤清正と黒田官兵衛は九州を切り取っておると、甲賀の手のものに聞いたが、事実であろうか」

「清正殿は小西行長領の宇土城を攻め陥とし肥後一国を領した由。官兵衛殿は薩摩を除き九州の地をあらかた攻め落したそうな」

「主力の兵が東上し関ヶ原におるところを狙って、手薄な空き城を襲うとは、戦国の世の習いとは言え、すこいよな（素早いよな）。あのご仁らの動きは」

燃焼しきれぬ思いを焼き捨てるように、三成はいろりの火に手をかざして言った。

「いやあ、兵部どのと話ができてよかった。これを貴公に差し上げたい」

ずっと携えてきた脇差しを腰より外して、吉政に手渡した。

「故太閤殿下にいただいた相州貞宗の脇差や」

「貞宗とな。このような由緒ある名刀、わしには分不相応ではなかろうか」

「いや、いや。兵部殿にこそ形見の品としてお渡ししたかった。受け取ってくだされ」

吉政が太閤由来の脇差しを押し頂いて受け取ると、ほっとした表情を三成は見せた。

いろりの火に炭を継ぎ足し真っ赤に燃え立たたせた。下戸どうし、杯のやりとりは無かったがいつまでも話の尽きぬ二人であった。

「もういつでもよろしいぞ。大津の内府のもとにおつれくだされて」

吉政は黙ってうなずいた。


余談であるが。

このとき、三成から渡された寸延べの短刀が〈名物石田貞宗〉として、現在、東京国立博物館に収蔵されている。サンライズ出版の『秀吉を支えた武将 田中吉政』に掲載してあるこの写真を見るかぎり、それは一尺をわずかに越える平造の短刀である。インターネットで石田貞宗を呼び出し、写真を拡大してみたがやはり平造りであった。『田中興廃記』によると「先年、太閤より給わりたる切刃貞宗の珍器なり」、そう言って三成が吉政に手渡したと記してある。切刃を〈よく斬れる貞宗〉と読めばいいのかもしれないが、〈切刃造りの貞宗〉と解すと、切刃造りとは刃を切り出し小刀のように、鎬地からいきなり鋭角に卸した形状の刀身の刀である。正宗の子、貞宗が活躍した鎌倉末期から南北朝にかけて多く見る姿である。切刃造りの刀で斬ると、切り口がぱっくり口を開いて縫合出来ず、出血多量で死に至らしめることができる。

しかし、この写真で見るかぎり、国立博物館所蔵の、このとき吉政が受け取ったといわれる石田貞宗は平造りであって、切刃造りではない。どちらが正しいのかちょっと迷う。

安土桃山期には、ばさらで派手な刃紋の刀が好まれた。ことに秀吉は刃紋が大模様の沸え出来の相州伝の刀を好んだ。硬軟の鉄を混ぜて鍛ち延べた柔らかな地肌と冴え冴えとした刃紋の正宗、貞宗は相州伝の華であり、諸将の垂涎の的であった。

「わしには刀剣の目利きはできぬ。折れず、曲がらず、よく斬れればよいと思っておる。長浜ご城下の下坂に関鍛冶の流れを汲む下坂（しもさか）八郎左右衛門なる小鍛冶がいて、近隣の武家の求めに応じておる。相州伝とは違い、匂い出来の地味な直刃の刃紋を多く焼くが、頑丈で手になじみ、よく斬れますぞ」

現実的な吉政は、実戦的な下坂鍛冶が気に入っていたようだ。後に、下坂鍛冶の棟梁である八郎左右衛門を筑後柳川まで招き、二百石という刀鍛冶にしては破格の高禄を与えている。

下坂八郎左右衛門の流れが、関ヶ原の合戦以後、多くの大名に招かれ各地に移っていった。越前下坂（えちぜんしもさか）・越後下坂・讃州下坂・遠州下坂・筑前下坂・筑後下坂・紀州下坂・

信州下坂・土州下坂などである。刀の中子に刀工の個銘は切らず、○○住下坂と刻んで下坂工房作品として製作している。なかでも、越前下坂鍛冶から徳川将軍家のお抱えとなった越前康継の名工が代々その名を継いで名刀を鍛え、将軍家に献上している。

筆者も一振り、遠州住下坂銘の大刀を所有している。この真剣を使って居合の練習中、左親指の腹を切ったことがある。全く痛さを感じなかった。出血を見てはじめて気づいた。

しっかり抑えて病院に行ったら、医師が傷口をしげしげと見て言った。

「日本刀で自分の指を切った傷を見るのははじめてです。それにしてもきれいに切れてますね。傷は深いですが縫合は不要です。消毒してこのままきつく包帯を巻いておれば接合するでしょう」

一〇日後、とがった鉛筆の芯で引いた線のような傷跡が残った。身を以て下坂刀の切れ味を試したことであった。

井口村の陣営から三成をともなって吉政が大津に出立したのは二日後のことである。吉政の嫡男、吉次に先導させ、一行は紅葉真っ盛りの近江路を琵琶湖に沿って南下していった。西軍残党の三成奪還襲撃を恐れ、三成を窓のない召人籠に乗せ、騎乗の吉政がその脇に付けていた。

「兵部どの。湖(うみ)の匂いがするな」

生まれ育った土地の水の匂いを三成は敏感にかぎつけた。

「うん。いま近江八幡辺りを通っているんや。並木の紅葉が綺麗やで」

籠の覆いの端を、供の侍に命じ、持ち上げて見せた。比叡を下り琵琶の湖上を伝い渡ってくる秋冷の風を胸一杯に吸って、樹々の葉群(はむれ)を紅く透き通る晩秋の光を三成はまぶしく見上げた。

「うむ。これでよい」

三成は吉政の心遣いに礼を言った。

九月二四日守山で一泊し、翌、二五日陽暦一〇月三一日大津城に三成をともなって入城した。

召人籠から降りて三成は言った。

「さあ。縄を打たれよ」

躊躇する吉政に言った。

「わしは降人ではござらん。内府に命乞いしに来たのではない。言いたいことを言うために囚われ人として参った。そうさせてくれ、久兵衛はん」

「さらばや」

声にならない声で別れを告げ、吉政は三成の手に縄を打った。

石田三成、安国寺恵瓊、小西行長、長束正家、西軍四将の首が京の三条河原に晒されたのは一〇月一日（陽暦一一月六日）。冬隣る風の強い日であった。

終

コラム

生き残るために発達した食の知恵

料理研究家　山際　千津枝

石田三成が関ヶ原の戦いに敗れ、捕縛した田中吉政からニラ雑炊でもてなされたという話がある。なぜ、ニラ雑炊なのか。そう思う人も多いのではなかろうか。三成は、関ヶ原の戦いで敗れたが、再起を図るため山中をさまよった。食べるものがなくなり生米や稲穂などを拾い食べていたのであろう、ひどい腹痛に苦しんでいた。

そのため、吉政から「何か食べたいものはないか」と尋ねられた際に、消化の良いニラ雑炊を所望した。ニラは胃腸の働きを整えたり、血行を促進し体を温める効果がある。また、ニラに含まれる成分は、エネルギーの代謝を向上させる働きもあるため、腹痛に苦しみ衰弱していた三成の体をいたわり、鋭気を養うには最適な食事であったといえる。ニラ雑炊の作り方は、出汁に米を加えて火にかけ、炊きあがる直前に味噌を溶き、刻んだニラを散らせば完成する。調理法はいたってシンプルなので、三成も日常的に食べていたのではないかと思われる。捕らわれの身になっても、最後まで再起をあきらめなかった三成にとって、ニラ雑炊はその時に考えた一番の勝負飯だったのかもしれない。

三成に限らずこの時代の武将は、自身の体調管理だけでなく家臣の健康にも気を配っていた。特に戦場では、戦いが長引けば食材が不足したり、調理器具がない、あるいは雨などで火が使えないなど、非常に厳しい環境で健康と体力を維持しなければならない。

戦場では、戦闘以外でも砦を築いたりして体力を使う。そのため、水分や塩分を補給しながら体を動かすエネルギーに代わりやすいような食材や調理法が発達している。また、戦に加わるものは、自分の食糧を三日分ほど持参していた。芋の茎を味噌と煮込んで紐状にしたり、野菜に味噌を塗り乾燥させ携帯した。そのまま食べることもできるし、お湯に入れれば戦国時代版のインスタント味噌汁となった。こうした食材は、戦いの場でも携帯していたので、身に付けやすい形状に加工するなど形にも工夫を凝らしていた。鍋釜がなくても米を炊く知識も持っていた。戦国時代の武将は、サバイバルの達人だったといえるだろう。

当時の武将にとっての食は、戦場においては敵と戦い生き残る力となるため、勝つための食を考え抜いた。平時においては、地域ごとに様々な工夫を凝らし、独自の食文化を創り上げている。加藤清正を支えた玄米と豆味噌、米に白玉粉や小麦粉・そば粉・きな粉などを混ぜて丸薬状に丸めた上杉謙信の「兵糧丸」、武田信玄の「ほうとう」など、実に多彩である。豊臣秀吉は滋養のために虎の肉を食べたという話も残っている。

当時の食事は現代と比べれば質素なものだが、戦いに勝つことを追究した戦国の食は、意外に豊かであったようだ。

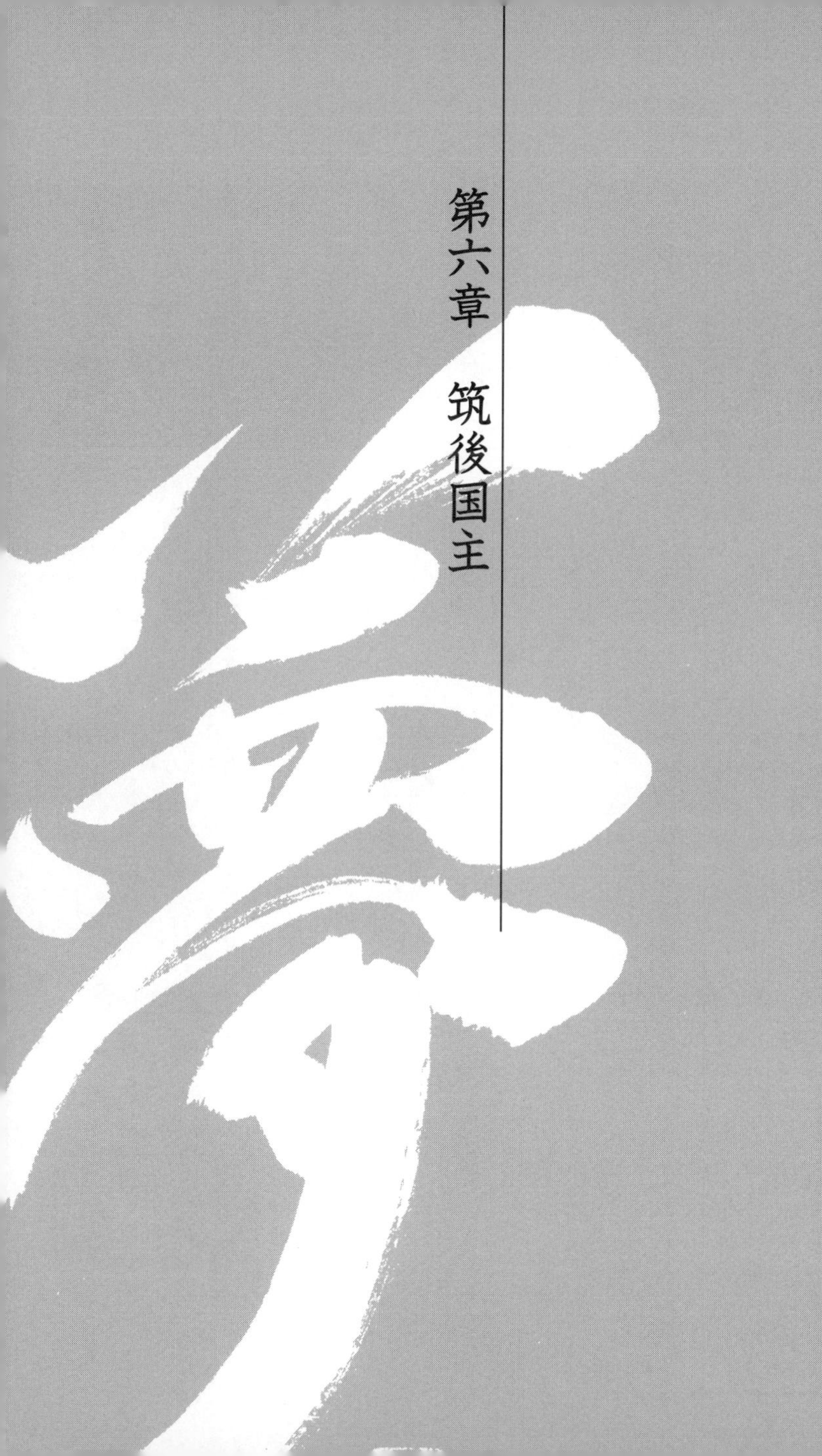

第六章　筑後国主

トップの資質　其ノ六

■夢を示すこと

トップは部下に対して夢を示すことも必要である。理念や目標の向こうにどんな未来が広がっているのか、それを共有できなければ部下は喜んで働いてはくれない。

田中吉政は、筑後国を治めるにあたり、太閤検地で用いられた基準とは違う独自の基準で検地を行い、二倍近い石高を計上した。この石高は、測量の基準を変えたということもあるが、新たな開拓地や未開拓の土地など、これから頑張れば石高が増え、領民の暮らしも良くなるという夢を描いてみせたといえるだろう。

企業ではトップが夢を描き、それを部下や従業員と共有することで、重い

車輪でも動かす力を得ることができる。さらに、そこには大義名分が必要でもある。トップの思いに大義があれば、部下の士気もさらに上がることになる。

■デザイン力を養う

トップは、企業や組織が一〇年、五〇年と続くためのビジョンを掲げる。つまり、自分が思い描く理想の形をデザインする力が求められる。

田中吉政は、信長、秀吉に仕えるなかで学んだ国づくりの上に自分の思いを加え、理想とする国のグランドデザインを筑後で描き、実現しようとした。その思いは一〇〇年、二〇〇年先にまで及んでいたことであろう。実際、柳川の掘割や慶長本土居などの治水事業、田中道などの交通網の充実、新田開拓など、吉政が手掛けた多くの事業が四〇〇年を経た今でも地域の経済を支える基盤となっている。

有明海に故郷を重ねる

関ヶ原の戦いで家康率いる東軍に加わり、石田三成を捕まえる功績を上げた田中吉政は、岡崎一〇万石から一気に筑後国三二万五〇〇〇石の大大名に出世した。その領地は、関ヶ原の戦いで西軍として戦った柳川の立花宗茂（一三万二二〇〇石）、久留米の小早川秀包（一三万五〇〇〇石）、三池郡の高橋直次（一万八〇〇〇石）、上妻郡の筑紫広門（一万八〇〇〇石）と東軍に寝返った小早川秀秋の筑後を合わせた大きさだった。

　吉政が筑後国の領主となったいきさつについて触れておきたい。西軍の大将石田三成を捕らえた功績に対し家康は、「豊前国に豊後の一部を加えた領地か筑後一国、望む方を三〇万石与える」と約束する。そこで、吉政は家臣を集め家康の言葉を伝えた。家臣団の中に、豊前と筑後の出身者がいたので、それぞれの国について尋ねた。すると、「豊前は海の幸、山の幸が豊かですが、彦山の山伏がなかなか手ごわい」と豊前の者が言う。このことを聞いた吉政は、これまで幾度となく苦しめられた一向宗一揆との苦闘が頭をよぎったかもしれない。一方、筑後の者は「筑後には有明海があり、遠浅の干潟は魚介類も豊富に獲れる豊かな海」と言う。吉政は、自分の生まれ故郷である近江の琵琶湖に近いイメージを遠く離れた筑後の海に抱いたかもしれない。

吉政は筑後国を望んだ。実際、吉政が所望した筑後の有明海は日本有数の遠干潟で豊かな漁場であったし、葦野を開拓すれば四、五万石の新田開発も見込まれた。そこにも吉政は魅かれた。秀吉は信長から小谷城を与えられたが、水利と地の利などを考え、自らの居城を長浜に定めた。そのとき秀吉が琵琶湖に感じた可能性と同じものを、吉政も有明海に感じたのかもしれない。

慶長六（一六〇一）年四月、田中吉政は三二万五〇〇〇石の初代筑後国主として柳川に入部する。そして筑後国を治める拠点として柳川城を選んだ。柳川には、吉政が入部する前に先発隊が入っているようだ。吉政の入部を滞りなく行うために、まず環境を整えることが目的だったと思われる。関ヶ原の戦いで破れた豊臣系の西国大名の多くは改易や国替えされ、柳川城の前城主である立花宗茂も既に、吉政入国の前年末には柳川城を出ていた。このように、領主不在となり国内の統制が緩む時期には紛争なども増える傾向にある。また、在地土豪の勢力が強かったこともあり、そうした状況を改善する必要があると判断したものであろう。

先発隊からは、領主不在により荒れた国の様子が伝えられていた。そこで、吉政は入国後すぐに慶長六（一六〇一）年四月一〇日、三カ条からなる法令「入国法度」を出し、早期に国の治安の回復を図ろうと努めている。

入国法度では、

第一条　家臣が理屈に合わない無理なことを農民などに押し付けてはいけない。

第二条　山林の竹や木を、だまって伐り採ってはいけない。

第三条　走百姓（はしり）（農村から逃げていった農民）を早く農村に帰らせること。

　特に遅れて帰村する者の田地は没収する。

としている。いずれも重要な内容だが、特に第三条に挙げた農民の流出防止を早急に対応すべき事項として位置づけていたようだ。

国内の安定が急務

関ヶ原の戦いで西軍についた豊臣系大名の多くが、大名の身分を取り上げられたり

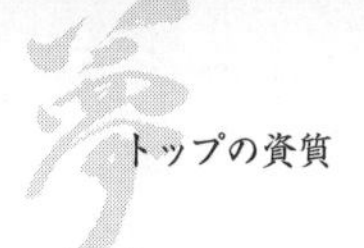

領地を没収、あるいは縮小されるという処分を受けた。そうした大名の領地にいた百姓たちの多くも他の土地に逃げ出していた。このように、土地を捨てて逃げ出した農民の移動を「走り」と言った。この走百姓は全国各地で発生したという。それほど、関ヶ原の戦い直後は、不安定な情勢の中で多くの領地が荒れていた。

たとえば、毛利輝元（もうりてるもと）は中国地方に一一三万石を領する大大名だったが、関ヶ原の戦いで西軍の総大将を務め家康に敗れた。その結果、山口の萩に配置換えされ、領地は二九万石にまで減らされた。そのため、毛利領内の多くの百姓も走ったといわれている。北九州の豊前国規矩（きく）郡には多くの旧毛利領内の農民が流入し、豊前小倉には「周防町（すおうまち）」「長門町（ながとまち）」など中国地方の地名で町が立つほどだったという。

吉政が統べる領地でも「走り」が多く、中でも領地が接する肥前佐賀には、相当数の走りが発生したといわれている。そこで、慶長二〇（一六一五）年四月には、田中、鍋島両家の間で協定が結ばれたほどだ。協定の内容は、慶長二〇年四月末日までに走った者はそのまま住むことを認めるが、五月一日以降に走った者は、いかなる理由があろうとも元の村に返させるというものだった。

領地から農民が逃げ出すということは、米などの生産力の低下につながる。米は当時の国を支える最も重要な基盤であった。それだけに農民の流出は、国力の低下を意味し、国の屋台骨を揺るがす重大な問題にも発展しかねない。そういう意味からも吉政は入国早々、走りを禁止し、早く元の土地に戻るよう命じたのである。そうして領内の秩序を取り戻そうとした。

走りの禁止と同じように刀狩りも実施した。吉政は、秀吉の下で国を納める術を学んだ。秀吉は検地と刀狩りを徹底し、兵農分離を確実なものにすることで、農村と国の秩序を保とうとした。吉政もまた、秀吉と同じように刀狩りによって安定した農村支配を行おうとしたのだ。

吉政が求めた国づくり

吉政は、五四歳で三二万五〇〇〇石という広大な国を治める領主となった。吉政が主となった筑後国はかつて、立花宗茂の柳川、小早川秀包の久留米、高橋直次の三池郡、筑紫広門の上妻郡という複数の領主によって治められていた土地だった。そのため、各地に多くの城や砦が点在していた。その中から吉政は、柳川城を本城とし、不要な城や砦などは取り壊し、農地に変えた。

そうして、柳川城の周りに一〇の支城を配置した。吉政が配置した支城は、赤司城（三井郡）、久留米城（久留米市）、城島城（久留米市）、榎津城（大川市）、福島城（八女市）、猫尾城（八女市）、江浦城（みやま市）、鷹尾城（柳川市）、中島城（柳川市）、松延城（みやま市）である。支城の城主には、吉政の親族や重臣たちを任じている。支城の中でも最も重要視した久留米城には二男吉信（則政）が入った。

田中時代の筑後の城

吉政が本城に選んだ柳川城は元々、永禄年間に蒲池鑑盛が築いたもので、自然の地形を上手く利用した守りに優れた名城だった。天正九（一五八一）年、蒲池氏は属していた佐賀の龍造寺隆信に滅ぼされ、龍造寺隆信の武将

田中吉政の本城と支城

本　城

本城名	本城主名	所在地	知行高	系　譜
柳　川　城	田　中　吉　政	山門郡	325,000石	本　人

支　城

本城名	本城主名	所在地	知行高	系　譜
赤　司　城	田中左馬介清政	御井郡	2,840石	吉政舎弟
久留米城	田中主膳正吉信	御井郡	不明	吉政二男
城　島　城	宮川讃岐守	三潴郡	6,800石	譜　代
榎　津　城	榎津加賀右衛門	三潴郡	3,260石	譜　代
福　島　城	田中久兵衛吉興	上妻郡	30,000石	吉政三男
猫　尾　城	辻　勘　兵　衛	上妻郡	3,650石	譜　代
江　浦　城	田中主水正	山門郡	3,860石	譜　代
鷹　尾　城	宮川才兵衛	山門郡	6,000石	譜　代
中　島　城	宮川才兵衛	山門郡	同上	同　上
松　延　城	松　野　主　馬	山門郡	12,000石	元小早川重臣

＊「慶長七年台所入之掟」、『筑後将士軍談』、『江浦旧記』、『田中家臣知行割帳』、『田中吉政知行宛行状写』、『石原家記』より作成。
＊（譜代）は、岡崎以来の家臣。

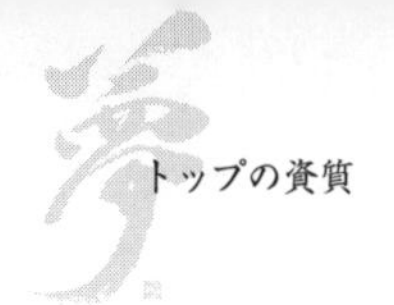

鍋島直茂（なべしまなおしげ）、龍造寺家治（りゅうぞうじいえはる）がその後の柳川城の城主となっていた。

天正一五（一五八七）年、豊臣秀吉が九州平定を果たすと、功績のあった立花宗茂を大友氏から独立した大名に取り立て、山門（やまと）、下妻（しもつま）、三潴（みずま）に一三万二二〇〇石の領地を与えた。この時に、宗茂が居城としたのが柳川城だった。宗茂は、柳川城を近世城郭とするための整備を進めるが、関ヶ原の戦いで負けた西軍に付いたことで家康から改易されてしまう。そのため、柳川城の整備は筑後国主となった田中吉政に引き継がれることとなった。

近世城郭の基礎を築く

吉政が柳川城を本城と選んだ理由は、その優れた立地にあると考えられる。柳川城は有明海を背に筑後川と矢部川の中間に位置する。そして、その周囲には沖端（おきのはた）川が北側を通り、さらに塩塚川が東側を通るなど、有明海を背にして三方を川が囲む自然が作り出した巨大な堀に守られる形となっていた。

それでも、三二万五〇〇〇石を治める本城としての防衛機能をさらに強化するとともに、増加した家臣団を住まわせるための城郭の拡張と改修が必要であった。吉政は、織田信長の安土城、豊臣秀吉の長浜城や大坂城、豊臣秀次の近江八幡城、自らが居城とした岡崎城、西尾城などの築城や城下町づくりに関わってきた。柳川城と城下町の拡張、整備は、吉政がこれまで蓄積してきた知識とノウハウ、技術を思う存分注ぎ込もうと考えた大きな事業の一つであろう。

柳川城を近世城郭として整備したのは吉政だと言われているが、どのような拡張や整備を行ったのであろうか。城の中で最も重要な本丸の敷地内には、高さ約八・六メートルの石垣を築いた上に五層の天守閣を建てた。天守閣の初重は六〇〇余の畳を敷ける広さがあり、三三メートルの高さを誇ったという。この時に石塁を担当したのが、穴太衆（あのうしゅう）だった。吉政は織田信長が安土城を築城した際、秀吉の下で穴太衆の石積み技術の高さに触れ、その素晴らしさを知っていた。そのため、吉政は自分の国づくりに必要な技術者集団として、穴太衆を家臣に迎え九州に連れてきたのであろう。

吉政は、贅沢よりも質素を旨とするところがあったようだが、天守閣にはかなり贅を尽くしたと伝えられている。信長や秀吉が力の象徴として天守閣を位置づけたように、吉政もまた、岡崎城主時代に天守閣をつくるなど、その考え方を受け継いでいた

柳川城古写真（柳川古文書館写真提供）

と思われる。一説には、豊臣秀頼を迎え入れるためのものだったとも考えられている。

本丸と隣接して二の丸が東西に並び、それを内堀で囲む。本丸と二の丸を守る三の丸は、重臣たちが住む「御城内」や米を収納する倉庫、御厩があった。また、東南隅に櫓を、本丸の北東隅には八幡宮、愛宕権現、神田明神の三神山、長久寺、熊野権現などを祀っている。三の丸は、土塁と堀で囲んでいるが、西方には曲折を多く設けている。これは、城を守る際に侵入してきた敵を側面から攻撃する〝横矢〟ができるように工夫したものである。

三の丸の周囲には外城があり、侍屋敷（武家屋敷）を配置した。侍屋敷は「小路」で表わしていた。城の東側には本小路や奥州小路、袋小路、大屋小路、南側には茂庵小路、宮永小路、西側には外小路、西南に御姫小路、北側には坂本小路、薬師小路、本柳小路などというように城を囲むように侍屋敷が配置されていたようだ。こうした名前は、今も柳川の町名として残っているところがあり、当時の様子を知る手掛かりとなる。

外城を出ると、城郭の北部に城下町を整備。町屋は、城内の東部に位置した。この町屋も拡張させ経済的発展のための環境づくりを積極的に推し進めた。町屋は、職能や職業毎に分けられ、それぞれの町には街路が通っており、同じ町内の家が道を挟んで並ぶ形になっていた。そして、多くの町の境には、掘割が流れていた。例えば、沖端川(おきのはたがわ)以南では、川に沿って材木町や糀屋町が立ち、主要街道筋には上町や中町、辻町が並んだ。それらの町の西裏手には、八百屋町や西魚屋町などの食料品を扱う店、鍛冶屋町、寺町が並んだ。そして、西部、南部には食糧供給基地を置いた。こうして、柳川城と城下町の周りを堀で囲む総郭型(そうかくがた)構造の城郭をつくり上げた。その範囲は、東西二キロメートル、南北四キロメートルにも達する広大なものだった。

柳川城だけでなく、他の支城の拡張や改修も行い防衛力の強化を図った。また、城下町づくりによる地域経済の発展にも積極的に取り組んでいる。岡崎城の城主時代から城の拡大や城下町づくりをはじめ国そのものをデザインすることに長けていたが、筑後国は岡崎時代をはるかに上回る規模の領地で、支城の数も多く大がかりな事業となる。豊臣秀吉に仕えていた頃、秀吉が行った様々な施策を実務担当として実行しな

がら、そのノウハウや技術を自分のものにしてきた。吉政は、これまでの集大成として自分の思い描く理想の国づくりをここ筑後国で成し遂げたいと考えていたであろう。

都市をデザインする

田中吉政は、四〇〇年を経た今でも福岡県柳川地方で〝土木の神様〟と称えられている。戦国時代、国を治める者には、高い治水能力が求められた。海や川の水を利用して国防の機能を持たせるだけでなく、水は物資の運搬や農業用水、生活用水にまで利用されるため、治水事業が重要視されていたのである。吉政は、現代であれば、都市をデザインするスーパーゼネコンを率いる総合プロデューサー的な役割も果たしていたと言えるかもしれない。

吉政が国づくりを進める上で最も重視したのは国防、そして、国力の強化と領民の生活の安定と向上であった。国防については、先述したように柳川城や支城の城郭拡張と城下町の整備などを行った。川の氾濫を抑えるための幾つもの治水事業、有明海の潮害からの守りと新田干拓の要となる慶長本土居の築堤を行うことで、人々の生活の安全と生産高の向上を図った。また、領内の交通の利便性を高めるために道路交通網を整備し、経済的な発展の基礎もつくった。これだけの事業を、入国して亡くなるまでのわずか八年足らずで手掛けた功績は高く評価されるべきだ。

さらに、領民の生活の向上を図るために掘割を整備した。掘割は、市街地を網の目のように広がり、水運はもとより生活用水として人々の生活になくてはならないものだった。今では、水道の普及によって生活用水として利用されることはないが、川下りを楽しむ観光客を呼び込む観光産業の柱として、柳川の経済に大きく貢献している。

防衛のための様々な工夫

吉政が筑後国主として入国した時期は、まだ徳川政権が動きはじめたばかりで、豊臣家の力も依然として強く、泰平の世といえる空気ではなかった。そのため吉政は、国を守るための備えに腐心し、様々な工夫を凝らしている。

なかでも、国主吉政の居城で国の要である柳川城の防備は最も重要視された。城内との出入り口には辻門や高門、木戸門などが設けられ、門の内外には兵を集めたり、或いは敵が侵入した際にその動きを妨害するための勢溜（せいだまり）や番所を設けた。門前の掛橋はほとんどが石積みではなく木製とし、敵が攻撃を仕掛けてきた際に撤去しやすいようにした。また、橋を道とわずかにずらして架けることで敵の直進を妨げたり、堀岸には土塁などで前方が見づらいような構造にしている。

主要な道路は十字型に直交せずにあえて矩手（かねのて）型、T字形などとしている。柳川街道や肥後街道、瀬高街道も城下町の入口でL型に曲折している。市街地もその街路は辻町で十字に直交しているが、それ以外は、L型・T型などに屈曲している。このように、道路を複雑にすることで、前方の見通しを悪くし、敵の進入を阻み、橋の近くの掘割からは横矢ができるようにもなっていた。また、眞勝寺土居や藤吉土居、塩塚川堤防には、榎や椋（むく）、櫨（はぜ）などを植え、城下に近づいた敵から天守閣が見えないようにも工夫している。

柳川の川下り

さらに、城を中心に張り巡らされた堀は、平時は灌漑用水などに用いるが、有事の際は防衛機能を果たすことができる。堀には、三つの水門があり、第一の門を開けば外堀一帯が水につかり、第二、第三の門を開けば、城下が水没し水城として敵の侵攻を防ぐ壮大な仕組みとなっていた。
このように、支城を配置して国境の警備を強固にするだけでなく、敵が侵入してきても容易には攻められないような仕組みをつくっていた。

田中家の家臣団

三二万五〇〇〇石の大名となった田中吉政は、石高に応じた家臣団を持たなければならない。当時の武将には一〇〇石につき最大五人の軍役が課せられたようだ。一万石の武将は五〇〇人、三二万五〇〇〇石ともなれば一万六〇〇〇人の軍役が課せられ、軍役に対応する家臣を抱えることになるが、実際の軍役は一〇〇石につき二〜三人程度だったとも言われている。それでも三二万五〇〇〇石の領地を支配する大名の家臣団ともなるとかなりの規模になる。

通常、大名が改易や移封となった場合、新しく入部した領主が前領主の家臣を召抱える例も多い。ただ吉政が入国した筑後は、関ヶ原の戦いで敵方として西軍に付き戦った大名の旧領地であっただけに、旧大名家の浪人となった者たちを召し抱えた例は限

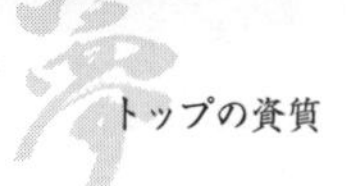

られていたようだ。

しかし一方では、豊臣秀吉の九州平定により没落した在地土豪の者が田中家へ仕官した例は少なくないようである。彼らは村において地侍的存在として農耕に従事するなどしていたが、地域の事情に詳しいことから重用された。草野氏の一族で、竹野郡塩足村（現在の浮羽郡田主丸町）の塩足市蔵が代官役に任ぜられたのもその一例であろう。

吉政の入国当時の家臣団に関する資料は見当たらないが、『福岡縣史資料』によると、知行を与えられた家臣は二三八〇人。家臣たちの大半は、知行地を与えられていた。この知行地が家臣たちの生活の基盤であり、力の象徴でもあった。当時の慣わしとして、知行地における年貢の割合などはその土地を支配する者の裁量で決めてもよいことになっていたが、所有する土地は支配者毎にまとまっていたわけ

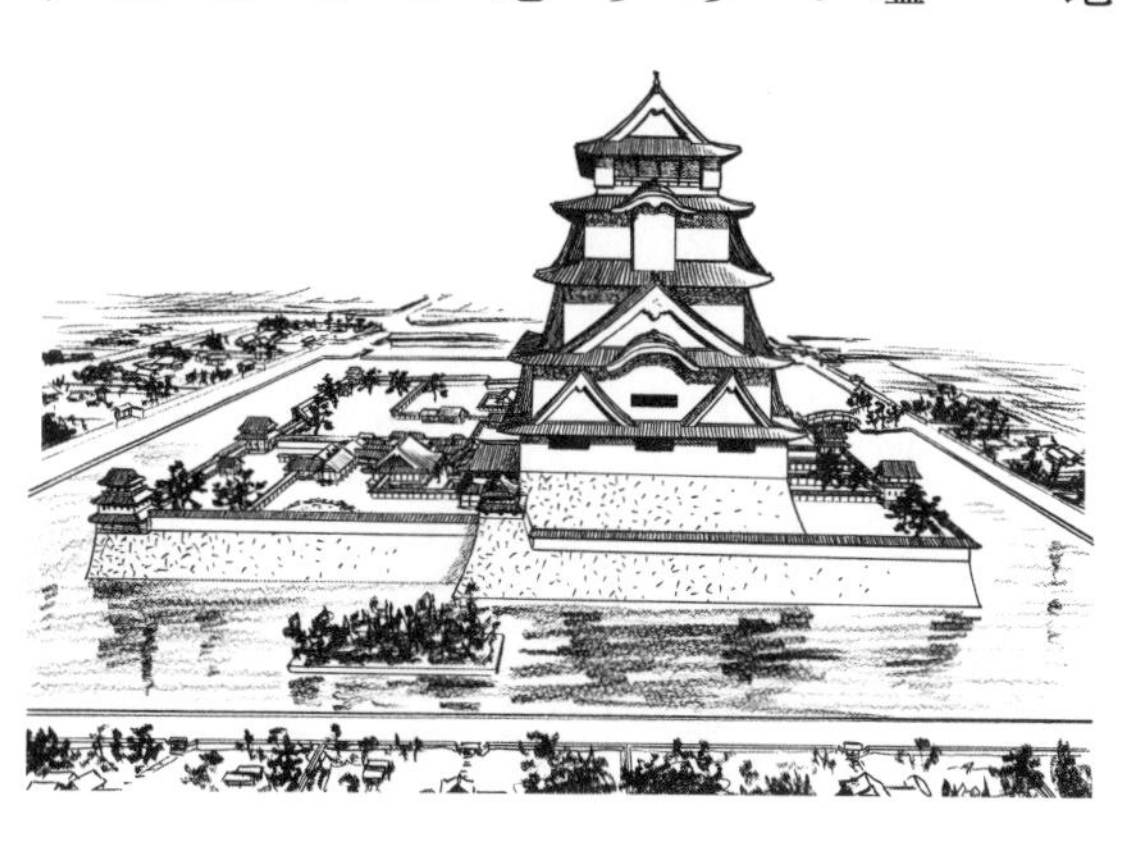

ではなく、実際のところ、様々な所有者の知行地が入り混じっていた。その知行地の中に、領主である吉政の直轄地（蔵入地）が混じっていることも珍しくなかった。そうした事情から、領主が課税する年貢と隣接する所有者が支配する土地の年貢が異なるというのは都合が悪いと、領主が定める年貢率に周りも順ずるようになったと考えられる。

吉政は慶長七（一六〇二）年、「台所入之掟」を宮川佐渡、磯野伯耆、石崎若狭の三奉行と田中織部、塙八右衛門、北村久右衛門ら三横目（観察役）に宛てて発している。「台所入」とは、大名直轄地のことを指し、「蔵入地」のことである。この台所入

田中氏の家臣団構成

種別	人数
馬廻組頭	22
馬周	215
寄合組	40
刀奉行	1
大小姓番頭	4
大小姓	34
中小姓番頭	1
中小姓組	12
使番衆	12
普請奉行衆	4
昇奉行	3
鉄炮頭	12
持筒頭	3
持弓頭	2
鑓奉行	3
船奉行組頭	6
船頭	12
徒小姓	12
台所衆	8
小者頭	2
厩頭	2
大工頭	7
鍛冶衆	3
塗師衆	3
研屋	1
細工屋	1
具足屋	1
銀かけ屋	2
畳屋	1
茶湯坊主	10
土器師	1
穴生	3
萬台所人	1
台所	1
計	445

注：扶持人を除く。

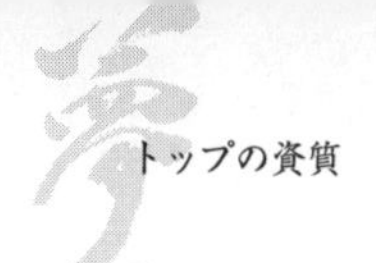

之掟という吉政の直轄地への決め事が、武将など所有者たちの領地支配の基準となっていく。

国を治める組織は、どのように形成されていたのか。吉政は国内一〇の郡を宮川氏、磯野氏、石崎氏ら三人の奉行が郡代を兼務する形で統治した。そして、その下で代官が村々を管理するが、代官の下には村ごとに村役人として大庄屋、庄屋がおり、その下に長百姓（おさびゃくしょう）、散使（さんし）という階層が組織されていた。

独自の検地を導入

慶長六（一六〇一）年、吉政は入国早々に検地を実施している。吉政が家康から与えられた筑後国の石高は三二万五〇〇〇石だが、この石高は秀吉時代に行った太閤検地によって算出されたものだ。

吉政は独自の尺度によって石高を算出した。いわゆる「田中高」といわれるものだが、太閤検地で用いられた基準よりも短い測量用の竿を使い検地を行っている。その結果、三二万五〇〇〇石の石高は、七五万石に倍増したと伝えているものもある。太閤検地を表向きの検地とすると、田中高は国内向けの検地といえるだろう。吉政が独自の基準で検地を行った理由は幾つか考えられるが、最大の理由は石高の増加を図ることではなかったかと思われる。

田中高による検地では、それまで石高に計算されなかった荒地や空き家までもその対象としている。吉政が行った石高の見直しというのは、現在の領内で農地として開拓することが可能な土地までを含めた石高であって、工夫すればそれだけ国が豊かになるという将来像を描こうとしていたのだと思われる。新田開発もその一貫として推し進めたものだ。つまり吉政は、石高を増やすことで、筑後国の長期的な展望と可能性を示し、家臣たちにやる気を出させようと考えたのかもしれない。石高を増やそうとした目的は、家臣団の知行高の増加に対応するためでもあったようだ。

吉政は石高を見直して新たな基準を示し、領内の石高を倍増させたが、それに比例する年貢を徴収しようとしたわけではないようだ。徴収する年貢高については、その年の収穫状況に応じた年貢を課している。たとえば、災害によって収穫高が例年よりも悪いと判断すれば年貢率を下げるなど、生産現場の状況に合わせて柔軟に差配する領民思いの主であったようだ。

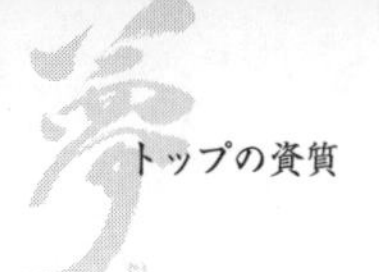

また、年貢を白米ではなく、玄米で納めることも認めている。白米に比べると玄米は、籾(もみ)の分だけ一割程度増えるため農民の負担もそれだけ軽くなる。吉政は、岡崎城主時代から朝は早くから城を出て、土木工事の現場を自ら見て回り、気さくに領民と会話するなどして現場の状況をつかんでいた。おそらく、そうした会話の中から領民の暮らしぶりについても情報を得て、領内の実態について把握していたのだろう。筑後国を治める際も、領民の実態を把握することに心を配っていたであろうから、実態に即した年貢を徴収するようにしていたというのも合点がいく。

さらに、吉政は農業技術についても明るく、生産高の向上にも積極的に取り組んでいる。全長二五キロメートルに及ぶ「慶長本土居」をわずか三日で築き、有明海からの潮害を防ぎながら新田を開発したり、筑後川の氾濫を抑える治水工事を行うなど、それまで困難とされてきた事業を成功させている。

吉政は信長、秀吉の下で当時、最も進んだ知識と技術が集まる場所にいた。そのなかで、国づくりに必要な土木、治水、築城などを学んだ。その中央から九州に来た吉政が率いた技術者集団は、今でいうスーパーゼネコンのようなものではなかったかと想像する。

コラム　一〇の支城

1．久留米城（久留米市篠山町）

永正年間（一五〇四～二一）年に筑後川沿いの小高い丘に築かれた高良山勢力の支城が起源とされ、戦国末期には高良山座主良寛の弟丹波麟圭の居城だった。天正一五（一五八七）年、豊臣秀吉の九州平定後に定められた「九州国割り」により毛利秀包が入城し、城郭の整備が行われたようだ。

吉政入国後、久留米城には二男則政が入城した。この時に城が修築され、現在の城郭の原形がつくられたといわれる。

久留米城は、北西に筑後川を自然の濠とし、天恵の地勢を活かした険要の地にある。築城法は、平山多聞づくりで、高い白土の城壁にそびえ立つ二層と三層の七つの櫓があり、本丸東南隅の三層建ての巽櫓は、壮大な偉容を誇っていた。

田中家改易後は、元和七（一六二一）年に有馬豊氏が丹波福地山から入城し、

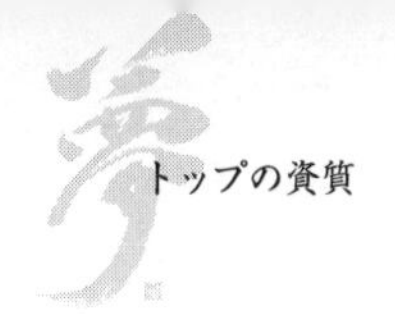

幕末まで有馬氏の居城となった。

2. 福島城（八女市本町）

天正一五（一五八七）年、筑紫広門(つくしひろかど)が築城した。創建当初の本丸は東西六八・四メートル、南北三七・八メートル、二の丸は東西六三メートル、南北五七・六メートルで、総曲輪まで三重の堀がある東西八六四メートル、南北五七六メートルの平城だった。

筑紫広門は関ヶ原の戦いで西軍に属して破れ、改易された。その後、田中吉政が筑後に入り、城代として三男吉興(よしおき)（康政）を配置、上妻郡地方の支配拠点として福島城の拡充を行った。

本丸・二の丸を東西に並べ、その周りに第一堀、その外側に侍屋敷、さらにその外側に町屋を配置、それぞれに堀を巡らせ、三重の堀を持つ総郭型構造の城郭だった。この拡充で城の規模は、東西一・一キロメートル、南北七五〇メートルとなった。

福島城の建設にあたっては、寺院を移転させたり、酒井田村の無量寿院を城下に移築したりしている。

3. 赤司城（三井郡北野町赤司）

筑後川中流の右岸に形成された自然の堤防上に築かれた平城である。赤司城の築城年代は明らかではないが、鎌倉期後半には築城され、築城者は赤司永直と伝えられている。

赤司氏は、源頼朝に属して戦功を立て、寿永三（一一八四）年、御原・御井・山本三郡で三〇〇〇町歩の領地を与えられ、筑後国の守護に就任した草野氏の一族である。草野守水の二男永雄が赤司氏を称したという。

永禄三（一五六〇）年には赤司資清が筑前箱崎で戦死したため、赤司城は、秋月氏の支城となった。

天正一五（一五八七）年、豊臣秀吉の九州出兵の際、秋月氏が降伏し小早川隆景にこの地が与えられたため、赤司城は小早川氏の管理下に置かれた。

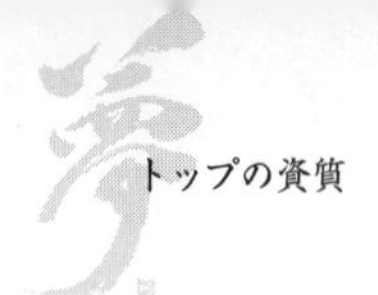

慶長六（一六〇一）年、田中吉政が入国すると、吉政の舎弟田中左馬助清政が赤司城の城代となった。その際、城料（城付知行）として一万七〇〇〇石が付されている。左馬助は城の拡充や城下町づくりに力を入れた。

4．城島城（久留米市城島町城島城内）

天正一一（一五八三）年、西牟田家周が、筑後川左岸の自然堤防上に築いた平城で対岸は肥前国だった。

天正一五（一五八七）年、豊臣秀吉の九州平定後の国割りで、このあたり一帯は立花宗茂の所領となり、城島城の城代として家臣薦野玄賀が入城した。

吉政入国で宮川讃岐が城主となり城郭を完成させる。讃岐の死後は宮川十丸が城代となった。

平城より二メートル高くし、面積は約一〇〇アール、湿地を天然の要害としたものだった。本丸は東西六九メートル、南北六九メートル、周囲に堀がめぐり、二の丸は東西八七メートル、南北五八メートル、それを囲むように侍屋敷、鉄砲屋敷を配置し、その東側に町屋を置いた。また、要所の三カ所に櫓を築き、それをまた堀で囲むという三重の堀を持つ構造だった。西側の防衛は筑後川を利用していたと考えられる。

5. 榎津城（えのきづじょう）（大川市榎津町長町）

「戦国時代、大川では榎津に榎津城が築城された。明治中期まで榎津城町一帯は、掘割で囲まれているが、花宗川の水利を巧に利用した榎津城は、筑後川河口を守る要害の一つであった」（城山公園　説明板）

田中吉政は、「榎津城」に重臣の榎津加賀右衛門（えのきづかがうえもん）（知行高三三二六〇石）を城代として入れた。

榎津町は、筑後川の河口港として栄え、町内には、庄分町・浦町・城町・向町・柳町・北浜町・藪町・出来町・長町・横町・津村町・水入町の一二の町があった。これら一二町のうち、「城町」内に「城山」と呼ばれる一角があり、「城山公園」がある。ここが榎津城の城郭と推定される。

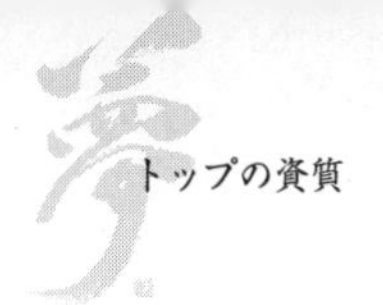

慶長二〇（一六一五）年の「一国一城令」で破却され、元和七（一六二一）年に、有馬氏の久留米入部と共に榎津城の石垣を久留米城修築の材料に用いたという。

6. 猫尾城（八女市黒木町北小屋・笠原）

猫尾城は黒木城ともいい、八女市黒木町の中央部、矢部川と笹原川の合流点東側に半島状に突き出した標高二四〇メートルの猫山の山頂にある。

猫尾城の創設者源助能（黒木大蔵大輔）は、大隈国（鹿児島県）根占郷の高城城主だったが、源頼朝の命により、筑後国黒木郷に移住し、文治二（一一八六）年、地頭職として木屋に猫尾城を築いた。

天正一五（一五八七）年、豊臣秀吉の九州平定後、猫尾城は筑紫広門に与えられた。しかし、関ヶ原の戦いで広門は西軍に属したため領地を没収された。

田中吉政は、猫尾城を改修し、家老辻勘兵衛（知行高三六五〇石）を城代として入れた。本丸は標高二四〇メートルの猫山の山頂にあり、南北五六メートル、東西二八メートル。周囲は土塁と石垣で囲まれ、入り口には冠木門があり、櫓跡が三カ所あった。武者走りや馬場踏なども認められる。

本丸と二の丸の間に馬場（南北約一八メートル、東西約四〇メートル）跡がある。三の丸は、本丸の東側にあり、南北一八メートル、東西四〇メートルの広さで、石垣が一部残っている。

7. 松延城（みやま市瀬高町松田）

「天正一二（一五八四）年、上妻郡山下城（上蒲池氏の居城、城主蒲池鑑広）が、佐賀の龍造寺氏に攻められたとき、山下城を支援するために松延城が築かれ、椛島式部が入城した」（筑後将士軍談）。

天正一五（一五八七）年、秀吉の九州平定後、立花宗茂がこの地を領有、家臣立花三郎右衛門を松延城の城番として入れた。

吉政は松延城に、家臣松野主馬（元小早川秀秋重臣、知行高一万二〇〇〇石）を城代として配置した。

松延城の城跡一帯には、本丸・東二の丸・北三の丸・南三の丸・城内などの

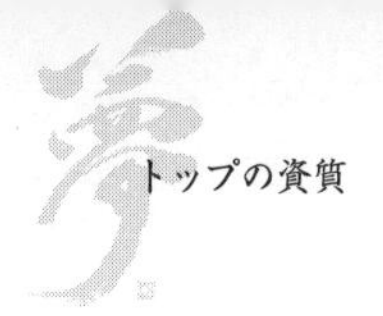

字名（あざな）が残っている。また、武家が住む、これら城郭地帯から離れた大根川付近に、鎧町・鍛冶町・扇子町・長別當などの字名もある。このことから、武家屋敷群と町人・職人の町屋群とが分離した兵農分離の傾向が伺える。

8. 鷹尾城（柳川市大和町鷹ノ尾字鷹尾）

鷹尾城は、近世初頭の典型的な平城で、南筑後の国人領主田尻（たじり）氏の本城だった。田尻氏の居城は、平安・鎌倉より三池郡田尻山（みやま市高田町田尻）の飛塚城（ひづかじょう）だったが、水の便や交通の便が悪いため、天文一七（一五四八）年、田尻親種（ちかたね）が大友義鑑（よしあき）の許可を得て鷹尾に築城した。

本丸の規模は、東西約四七メートル、南北約一九メートルだった。親種は、永禄三（一五六〇）年に築いた江浦城や浜田・津留・堀切の城を支城とした。これを「鷹尾五か城」という。

天正一五（一五八七）年、秀吉の九州平定後、立花宗茂が柳川城に入り、家臣立花三左衛門を鷹尾城番とした。

慶長六（一六〇一）年、田中吉政が入国すると、重臣宮川才兵衛（知行高六〇〇〇石）を鷹尾城代とした。

9. 中島城（柳川市大和町中島二重）

九州を平定した豊臣秀吉は、九州の国割り（知行割）にあたって、筑後国山門郡・三潴郡・下妻郡一三万二二〇〇石の領主として立花宗茂を任命した。柳川城に入部した宗茂は、領内に城番として立花一族とその重臣を配置した。支城の一つ鷹尾城に立花三左衛門鎮久（しげひさ）を入れたうえ、中島城の勤番を兼務させている。

しかし、この中島城は最近まで「幻の城」として、その存在が確認されていなかった。伊万里市の親種寺所蔵文書の中に「一枚の絵図」を発見した。この絵図は、慶長五（一六〇〇）年から慶長二〇（一六一五）年に描かれたものと思われ、有明海の「日がた」（干潟）の北にある中ノ島に「才兵衛へとり遣（つかわ）し候城」と記載されている。

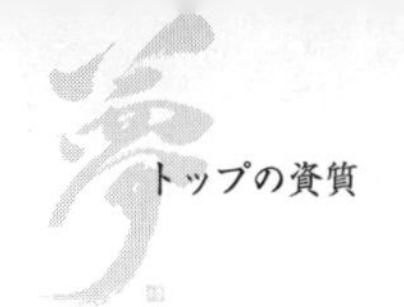

この才兵衛とは、関ヶ原の戦い後、筑後国主として柳川城に入部した田中吉政が鷹尾城の城代として入れた重臣宮川才兵衛で、中島城も兼番させられたのである。

矢部川河口域の右岸に位置する中島以南には、当時干拓地はなく、中島村は、有明海の海岸線に位置していた。この中島地区（柳川市大和町中島）に「二重（にんじゅう）」という小字がある。これは、「幻の中島城」を取り囲む二重の堀のことである。この内堀の中に中島城はあった。

10．江浦城（みやま市高田町江浦）

江浦城は、代々永江氏の居城だった。

永禄三（一五六〇）年、永江勘解由左衛門平方（ながえかげゆざえもんひらかた）が江浦城を築城、永禄・天正（一五五八～九二）年間に城主を務めた。

天正一〇（一五八二）年、鷹尾城主田尻鑑種の一族田尻了哲が江浦城主となり、永江氏とともに鷹尾城の支城としてこの城を守った。

天正一五（一五八七）年六月、秀吉の九州平定後、柳川城主立花宗茂の持城となり、宗茂の弟高橋直次（なおつぐ）が城代として江浦城に入城した。

田中吉政は、一族田中主水正（もんどのしょう）（知行高三八六〇石）を江浦城代として入城させた。慶長一五（一六一〇）年六月二九日、久留米城主田中則政（吉信）が逝去。江浦城代田中主水正が久留米城に入城する。そして、江浦城には田中河内守が新和二万石をもって入城した。

コラム

吉政と共に活躍した田中一族
信長の鷹商として奥羽に入る

田中吉政と同族といわれる田中一族には、吉政以外にも天下人を支えた人物がいた。田中清六正長という近江の豪商はその一人である。吉政は、武をもって信長・秀吉・家康といった天下人を支えたが、清六は商人として経済の活性化と外交で天下人を支えたといえるだろう。

田中清六は、近江国高島郡田中下城村で生まれた。生まれた年については不明だが、田中吉政の一族だと言われている。清六が生まれた近江国高島郡は、嘉禎（かてい）元（一二三五）年に佐々木高信が田中郷の地頭に任じられ、佐々木一族である高島、平井、朽木、永田、横山、山崎、田中の七家が領地を治める。この一族は「高島七頭（たかしましちがしら）」などと呼ばれ、非常に大きな力を持っていた。清六は、この高島七頭・田中家の出身であると考えられる。

清六が表舞台に現れるのは、天正七年前後のことである。一七歳で既に、織田信長の鷹商として奥羽地方（現在の東北地方）に出入りし、知られる存在になっていた。戦国時代、鷹は武将間の贈り物として非常に重要な意味を持っていた。特に、鷹の産地として知られた奥羽の武将は、中央の権力者との関係を強化するために鷹を贈っている。奥羽の武将が中央の権力者に鷹を贈るということは、臣従することも意味していたようである。信長の後継者として天下人となった豊臣秀吉も、松前氏に対して政権以外への巣鷹（鷹の鄙）の譲渡を禁じたことがあるが、それほど、戦国武将は鷹を重要視していたということだ。

信長が鷹を好んだこともあり、天正七（一五七九）年、信長が安土城を築城すると、そのころから奥羽地方の武将たちが、信長に詣でて鷹や馬を献上する。例えば、出羽大宝寺（山形県鶴岡市）の大宝寺義氏は同年七月一八日、鷹十一羽、駿馬五頭を献上しているし、陸奥遠野（岩手県遠野市）の遠野孫次郎（阿曽沼広郷）は七月二五日、白鷹を献上した。信長はこの白鷹をたいそう気に入ったと伝えられている。

奥羽の武将と豊臣政権を繋ぐ

清六は、一七歳頃から信長の鷹商として奥羽の大名たちと関係を築き、彼らに中央の情報を伝えたり、奥羽の武将達の情勢を中央に伝えたりするという役割を担っていた。そして、次第に中央と奥羽の領主たちとをつなぐ政治的に重要な役割を果たすようにもなる。

奥羽の武将の中でも南部氏とは特に密接な関係を持っていた。天正一〇（一五八二）年、南部信直は南部氏の二六代目当主に就いた。松前（北海道）を経て野辺地（青森）を廻って都に上る途中にこのことを知った清六は喜び、信直のいる三戸城を訪れ信直に面会を申し出る。信直も清六が訪ねてきたことを知り、すぐに会っている。二人の信頼関係はかなり強かったことがうかがえるし、清六がこのころ既に、南部氏との関係を築いていることを読み取ることができる。

織田信長が本能寺の変で明智光秀に討たれた後、光秀を討った豊臣秀吉はその勢力を急速に拡大する。そうした情勢を知った信直は秀吉との関係を築き、東北地方での地位を確立しようとする。その際、清六は信直に秀吉との関係を築くのであれば、前田利家に取次人を頼むよう進言し、信直もその意見を入れて利家に良馬を贈った。こうして南部氏は、清六の協力を得て豊臣家との関係を築くことができた。

豊臣秀吉が天下人となる過程で、清六は豊臣家と奥羽の武将との関係構築のために積極的に活動している。表向きは鷹商として奥羽の鷹を買い求めながら、一方では、秀吉の命を受けて諸国をめぐり、各地の状況や武将たちの動静を秀吉に報告、あるいは、彼らを豊臣政権に組み入れるための交渉、説得などといった重要な任務を帯びていた。当時、異国の動静を調べ、さらに、武将との連絡や交渉にあたるのは非常に難しい役目だった。使者が裏切れば、大きな損害を受けることになるのだ。使者に立てる人物は能力の高さだけでなく、信頼できる人物でなければならない。このことからも、清六は秀吉からの厚い信頼を得ていたといえるし、奥州での武将の対応を見ると秀吉の期待に沿う働きをしていたことがうかがえる。そうして秀吉の信頼を得た清六は、奥羽の武将と秀吉を繋ぐ仲介人としての役割を果たすほどの力を持つようになる。

秀吉は、四国、九州を平定して全国を統一する総仕上げともいえる小田原討伐

を行うが、その際にも清六の活躍を見ることができる。秀吉は清六を使者に立て南部信直をはじめ、奥羽の領主たちに小田原討伐に加わるよう働きかける。その結果、奥羽からは、南部、伊達、安東、秋田、佐竹、大浦（津軽）、最上、小野寺、戸沢が参陣した。これら領主の多くは、清六が出入りし親交をもっていた武将達である。

北条氏は、関東で大きな勢力を誇っていたが、秀吉の力を持ってすれば、自前の軍だけでも北条氏を討つことは可能だった。しかし、秀吉は五万の北条に対して徳川家康、蒲生氏郷、細川忠興など二〇万以上の大軍勢を動員する。秀吉はこの小田原討伐で、圧倒的な軍勢を動員することで、天下人としての力を諸大名に見せつけ、未だ臣従していない武将たちの対抗意欲を削ごうとしたのである。実際、伊達政宗も当初は秀吉の呼びかけを渋っていたが、秀吉の圧倒的な軍勢を見て参陣する。秀吉は、圧倒的な力を見せつけることで、兵を失う戦をしなくても伊達政宗を従わせることができたわけである。清六の活躍は、秀吉のこうした思いを支えるものであった。

秀吉はその後の奥州仕置きにおいて、小田原討伐に参陣した領主の領土権を安堵し、参陣しなかった領主に対しては命に背いたということで改易などの厳しい処置を下した。こうして秀吉は、中央集権体制を確立していったのである。

秀吉の信を得て、清六は豊臣政権の中枢部とのつながりを深める。天正二〇（一五九二）年、関白秀次は京の南部邸に北奥の鷹を所望した。このときの受取人の役を果たしたのが清六だった。清六は秀吉だけでなく、秀次からも信頼されており、知行も与えられていたようだ。近江八幡城の留守居役を務めたこともあるようで、豊臣政権からの信頼も厚かったといえる。文禄四（一五九五）年に秀次が切腹した秀次事件においては、連坐を免れた。一族の田中吉政と同じような処遇であったことからも、やはり、秀吉の厚い信頼を得ていたといえるのではなかろうか。

徳川家康からも信頼を得る

田中清六は、織田信長の鷹商として奥羽の諸大名との関係を築き、秀吉時代にはそうした大名と秀吉を繋ぐ役割を担い、奥州への影響力を次第に大きくしてい

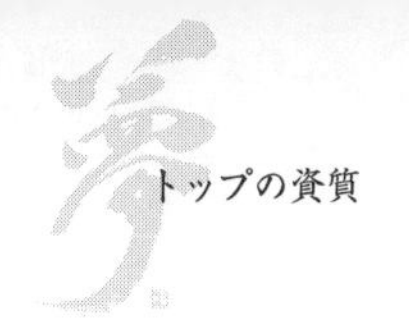

く。奥州の大名との関係を見ると、戸沢政盛は知行六〇〇石を清六に与えているし、南部氏は清六の功績に対して嫡男である彦右衛門に大迫地方を与えた。

清六は、所有していた千石船を使って奥州の米や特産物などを貨幣に交換するなど、東北地方の大名の経済活動にも密接にかかわっていたようである。それら清六の船は、北国の港で徴収される税などが免除されている。慶長四（一五九九）年一二月、豊臣政権の大老である家康からは、その特権が認められていたし、翌慶長五（一六〇〇）年一月には奉行衆からも免許状が与えられており、清六の商いは豊臣政権から手厚く保護されていたようだ。

家康も清六の奥羽人脈や交渉力を評価した。秀吉の死後、家康が諸大名に送った書状の中に清六の名前がよく出てくるようになる。例えば、出羽国の戸沢九郎五郎政盛は、会津の上杉景勝と接していることから、家康は景勝の動静を監視させていたが、そのやり取りを仲介していたのが清六だった。上杉氏を討伐する会津攻めが決すると、家康は山形城主・最上義光を先鋒とし、南部利直、秋田実季、戸沢所盛らに出動を命じたが、このときも清六が家康の意志を伝えている。

慶長五（一六〇〇）年、家康は上杉討伐に向かうが、それを知った石田三成が兵を挙げる。この時、家康は奥州の大名たちが自分に味方するよう画策するが、この密命を受けて奥州を駆け回ったのも清六だった。また、関ヶ原での陣立を諸大名に伝える役目も清六が果たしている。清六は秀吉に続き、家康からも非常に信頼されていたのである。

家康は、関ヶ原の戦いで石田三成率いる西軍を破り天下人となるが、清六は家康の天下取りを陰で支えた功労者でもあったわけだ。関ヶ原で敗れた大谷吉継の居城・敦賀城（福井県）はその後、結城（松平）秀康が治めることになるが、家康は、吉継が亡くなり城主不在となった敦賀城の代官に清六を任じている。

佐渡金山の代官として新しい仕組みを導入

関ヶ原の戦いに勝利を収め国内の統治を進める家康は、徳川家の財政基盤を強固なものにするため、全国の金山、銀山などを直接支配するようになる。戦国時代、海外の最新式の武器などを調達するには金や銀が必要だった。そのため秀吉は、全国の金山、銀山などを掌握した。家康も秀吉と同じように金山、銀山など

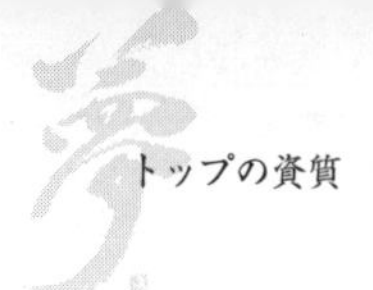

の支配を推し進めたのである。

慶長五（一六〇〇）年、徳川家康は田中清六を佐渡の代官に任命した。佐渡はそれまで、上杉氏が治めていたため、当然、上杉氏の抵抗も予想された。そこで清六は、同年十一月、検分のため越後寺泊（新潟県）に赴く。そして翌慶長六（一六〇一）年、再度渡航し上杉氏の家臣で当地の代官を務めていた河村彦左衛門を取り込み、無事に佐渡を徳川家の直轄地として組み込むことに成功した。

徳川家の直轄地となった佐渡は、当初、田中清六と河村彦左衛門の二人が代官として治め、金銀の採掘に当たった。ここで清六は、新しい採掘の仕組みを導入し、採掘量を劇的に増やす。当時の金銀山は、山主が一年単位で開発していた。しかし清六は、この制度に替えて採掘する期日を決め、入札させる競争入札制度を採用した。清六は諸国から鉱山師を呼び寄せ、間歩（坑区）ごとに運上金を入札させた。こうして互に競い合う仕組みを取り入れたこともあり、多くの間歩が開発され、佐渡金山は世界有数の金の産出量を誇るようになる。そのため、各地から佐渡に人が押し寄せ、生活物資が高騰するなど佐渡は大変な賑わいを見せていた。清六は、敦賀に蔵屋敷を構え、北奥羽に派遣した持船を利用し、金山御用の道具類を佐渡に輸送し財を得る。

清六が代官を務めたのは三年程の短い間だった。当初、河村彦左衛門と清六の二人で佐渡を治めていたが、金銀の採掘量が増加すると吉田佐太郎、中川主税の二人が加わり、四人体制となった。家康は、政治が緩まないように奉行を交代制とする組織運営の仕組みを採用しているが、ここでも二人ずつによる交代制が導入されたわけである。

ところが、慶長八（一六〇三）年、田中清六と河村彦左衛門の帰国中に問題が発生した。田中と河村の代わりに吉田佐太郎と中川主税が治めていたとき、佐渡の農民に対して重税を課した。このことに不満を抱いた農民が江戸に直訴する。その結果、吉田佐太郎は切腹、中川主税は改易となった。直接関係がない田中清六と河村彦左衛門も責任を問われお役御免となり、清六は佐渡金山の経営から身を引くことになった。

佐渡以外にも金山を開発

実は、清六の金山経営は佐渡金山だけではない。南部信直は清六の功績を評価し、それに報いるために、慶長五（一六〇〇）年ころ大迫村を清六の長男である田中彦右衛門に与えた。このとき、南部氏から大迫の地方の産金の権利も与えられている。大迫一帯は有数の産金地であったようで、これを開発したのが清六、彦右衛門、藤四郎といった田中一族だった。

佐渡の代官を辞めた後の清六は、敦賀を拠点として、商いを広げていったとも言われている。佐渡金山の奉行を解任された後も、北国の港での諸役免除という特権を与えられていた清六は、七隻ほど所有していたといわれる千石船を裏日本沿岸に走らせ、流通機構の一翼を担っていたものと思われる。

慶長一九（一六一四）年、田中清六は亡くなった。豪商として奥羽の大名などと盛んに商いをする一方、時の天下人の政治的基盤づくりに貢献した。清六には三人の息子がいたようだ。長男の彦右衛門（清六正繁）は清六の後を継ぎ、清六を襲名。大阪夏の陣では、南部藩の軍勢に加わっている。彦右衛門は、信直から与えられた大迫村を二〇年余治めたが、その後返上している。

田中家は京都と敦賀に移り、その後も蝦夷の松前氏と関わり、あるいは、戸沢家が治める出羽新庄藩（山形県）や溝口家が治める越後沢海（そうみ）藩（新潟県）の蔵宿を務めるなど、豪商として商いに従事した。三男の宗親は、清水寺宝性院僧都（僧都＝僧正に次ぐ地位）となり、『田中宗親書上』を記している。

第七章　土木の神様

トップの資質　其ノ七

■部下のやる気と可能性を引き出す

企業経営にとって、トップが夢を描くことは非常に重要なことである。しかし、それを実現していくためには、組織の団結力や瞬発力、持久力が必要となる。

田中吉政は、二五キロメートルに及ぶ堤防をたったの三日でつくり上げた。確かに、吉政は豊臣政権の下で最先端の土木技術などを習得している。しかし、知識や技術だけで、これだけの大工事を成し遂げることができたであろうか。吉政は、家臣や領民に対して堤防が完成した後の開拓という可能性やメリットを説明し、やる気を引き出したのではないかと考える。トップがいかに優秀でも、一人の力には限界がある。組織であれば、大きなことでも成し遂げることが可能だ。そのために、部下や従業員の気持ちを知り、力を引き出す仕組みや工夫を模索し続ける企業や組織は大きな力を発揮する。

人を変えることは難しく、またこちらが期待する通りのやる気にさせるのも、難しい。人をこちらの期待するように変えるよりも、その人が力を発揮する場面を見極める力をトップは磨くべきかもしれない。

また、部下の能力を把握し、時には今の力以上の仕事や難題を与え、可能性を引き出す。しかし、難題を与えても時間をかけ過ぎたりトップが我慢できない、あるいは甘えを見せて曖昧なまま、なし崩しにしてしまうケースも多い。トップは、部下ができるまでやらせる強さと見守る優しさを持ち合わせたい。限界を超えた部下は、自信を持ち、さらに質の高い仕事に就くことができるようになる。

■部下の幸せを追求する

組織は人によって成り立っている。部下の生活が良くならなければ、組織への求心力は低下する。組織のビジョンを共有し、部下がこの組織で働くことで描く夢やビジョンが組織のそれと重なれば、組織の一体感は生まれる。田中吉政は、領民を水害や潮害から守る安全な国の形をつくる一方で、新田開発を進めたり商工業を盛んにするなどして、領民が豊かになるための政策を打ち出し、実行していく。すべては、部下の幸せの上に成り立つものであることをよく理解していたものと思われる。

■見た目の数字ではなく、質を大切にする

田中吉政は、筑後国の国主として家康から与えられた表向きの石高に満足することなく、自らの基準で石高を定め非耕作地を開拓したり、埋め立てによる新田開発を奨励するなどしながら、実態に合った石高を把握することに努めた。

企業や組織のトップは、一見華やかに見える売上高や従業員数などといった数字だけに振り回されることなく、利益額と品質など実際の経営を支える

質に目を向けた経営を忘れないようにしたい。

■弱音を吐かない、常に強気でいる

トップは常に周囲から見られている。正面だけでなく、横顔、背中まで注視されている。状況が悪いからといって、トップが自信を無くせば、それは背中に表れ、周囲はさらに不安を覚えることになる。

困難なことに挑戦する場合はなおさらであろう。トップは太陽のごとく明るく強い光を放ち、周囲に希望を与える存在でありたい。

田中吉政は、困難と考えられていた慶長本土居や柳川城の改築と掘割の整備、治水、干拓を推し進めた。それまでの統治者が成し得なかった事業を成功させた要因は、工事に携わる民衆に希望を示しながら、絶対に成功するという吉政の強い思いと自信を家臣や幹部たちに見せたからである。

そのトップの自信を支えるものは、気持ちだけではなく成功を確信できる情報収集力や戦略、戦術といった緻密な計画や計算に加えて第六感ともいわれるものである。

二五キロメートルの堤防を三日で築く

家康から筑後国を与えられた吉政は入国早々、一〇郡の庄屋・百姓に葭野（よしの）の開発を命じる。葭野を増やしてそこに集まる堆積物を蓄え、堤防をつくっていく。そうやって潮の流入を防ぎ、そこを埋めて新田に変える。領地を拡大し、年貢を増やして藩の財政を豊かにすることを目的としたものだった。

慶長七（一六〇二）年、現在の大川市北酒見から柳川市〜大和町〜みやま市渡瀬までの有明海沿岸三二キロメートルに及ぶ潮止め堤防を築く大事業に着手する。これが有名な「慶長本土居（けいちょうほんどい）」だ。

第一期工事として慶長七（一六〇二）年八月六日から山門郡鷹尾村（福岡県柳川市大和町）より三潴（みずま）郡酒見の北沖村（福岡県大川市）までの二五キロメートルにも及ぶ距離に、高さ一・八メートルの堤防を築いた。しかも、工期はわずか三日。山門（やまと）・

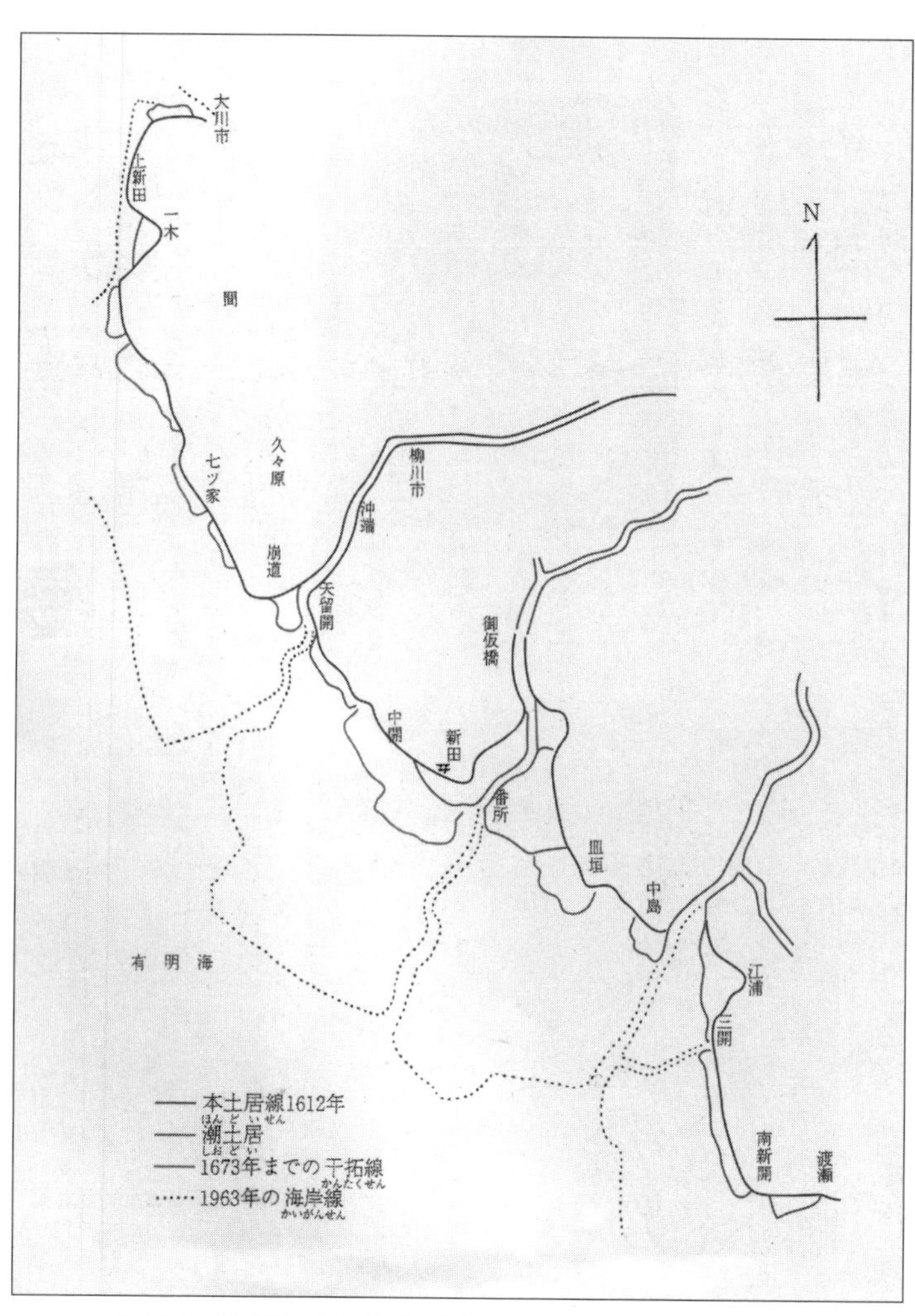

本土居・潮土居の図（堤伝『改訂柳川地方干拓誌』に加筆）

の大事業だった。

三潴(みずま)・下妻(しもつま)三郡の農民を総動員して

なぜ、三日でこれだけの大工事をやり遂げることができたのか。潮止めは吉政が入国する前から点在していた。そして、これらをつなぐ堤防を築くことができれば新田開発もできる。それまでにも、こうした構想はあったに違いない。しかし、実際には実現していなかった。

有明海は潮の干満の差が大きく、せっかく堤防をつくってもそれらがつながっていなければ、満潮時にはその間から潮が入り込み堤防ごと波にさらわれてしまう。有明海には筑後川と沖端川、塩塚川、矢部川が流れ込んでいる。川と川の間を一気に完成させなければ、つくった堤防は流されてしまう。そこで、吉政は四本の川のそれぞれの間をつなぐ堤防を一日で仕上げ、計三日間で完成させる計画を立てた。

しかも、工事ができるのは、有明海の潮が引いているわずかな時間に限られる。大潮のときなどは工事ができないから、昼間に工事ができる時間が長く、しかも、小潮がくる日が最も適している。つまり、暦を読み、工事ができる日時を割り出さなければならないということだ。さらに、三日で完成させるために必要な作業員の人数とそれを監督する役人の人数や配置など、非常に緻密な計算が要求される。いくら近隣の領民を総動員するといっても、二五キロメートルに及ぶ大工事なだけに命がけの現場もあったに違いない。水を治めるノウハウとそれを実現可能にする高度な技術力が求められる難しい工事だが、やり遂げることができると吉政は判断したわけだ。そう判断させたのは、これまでの様々な事業を成功させてきた宮川氏や穴太衆など優秀な技術者集団がいたからにほかならない。

その後、第二期工事として、現在のみやま市高田町渡里(わたり)から同町渡瀬(わたぜ)までの七キロメートルの築堤工事が行われ、慶長一二(一六〇七)年に三二キロメートルに及ぶ慶長本土居は完成した。

慶長本土居をつくったことで、吉政の目指す領土拡張は可能になったが、入国して間もない時期にこれだけの大事業を手掛けた理由は、関ヶ原の戦い後の混乱した状況に対する危機感の現れではないかという見方もできる。関ヶ原の戦い直後、徳川家康が率いた東軍が勝利したとはいえ、まだ徳川の完全な天下と言える状況ではなかった。家康が征夷大将軍に任じられ江戸幕府を開いたのは、関ヶ原から三年後の慶長八（一六〇三）年のことである。そのため、九州も不安定な状態が続いていた。

そのような中、九州では八院（はちのいん）の戦いが勃発した。関ヶ原の戦いで西軍に付いた柳川藩の立花宗茂と佐賀藩の鍋島勝茂（なべしまかつしげ）は、西軍敗戦後に国元に戻った。しかし、敗れた西軍に味方した以上、いずれ家康から処罰されることは明らかだった。そこで、鍋島勝茂は家康の心象を良くしようと、同じ西軍で戦った立花藩に攻め込み自らの領地を保持した。いわゆる八院の戦いであるが、このように当時はまだ、いつ戦が起きるかわからないという空気に満ちていた。

そのため吉政は、早く国の守りを固めたかった。吉政が残した支城も国防を重視した配置になっている。関ヶ原で西軍に付いた肥前鍋島からの侵入に備えるため、久留米側の国境近くには多くの支城を配置した。一方、関ヶ原には加わっていないが、東軍に付き黒田官兵衛と共に九州で戦っていた肥後の加藤清正に対してはそれほど警戒する必要もないことから、肥後側の国境沿いに支城はない。

慶長本土居は、海からの侵略に備える国防を第一の目的に、そして、世の中が安定した後は干拓し領地を広げるという意味合いが強くなった。隣国などから攻め込まれるという緊張感があったであろうから、吉政はそういう危機感をも煽（あお）りながら工事に携わる人たちを働かせたであろうし、そうした緊迫感がなければ、あれだけの事業をわずか三日で成し遂げることはできなかったかもしれない。

築堤の工法は、鷹尾城番の宮川才兵衛が指示した。一町（約一〇九メートル）ごとに、田中織部、塙（はなわ）八右衛門、北村久右衛門ら横目奉行、宮川佐渡守、磯野伯耆守（ほうきのかみ）、石崎若狭守ら三奉行のうち一人ずつが立会い、それぞれの工区では横目四人が現場で指揮を執った。難航を極めた工事もあった。特に潮止め口の工事は難工事で、庄屋自らが人柱に立ち、ようやく完成させたという話も残っている。

新田開発を奨励

慶長本土居は慶長一二（一六〇七）年に完成、それにより有明海沿岸の高潮被害も減少した。本土居の築堤で、吉政が描いた有明海に向けた領地拡大が現実のものとなった。吉政は本土居から海に向かって葦や葭を植えて土壌をたい積させ干拓し、新田を広げていく新田開発を奨励した。

新田を開拓するには、葭や葦を植える権利を持たなければならないため、この事業は有力武将や地域の豪農・豪商などが手掛けた。そして、ある程度干拓地が広がったら、周りに半円状の潮土居という堤防を藩がつくる。そして、またその外側に豪商や豪農たちが干拓するので、干拓地は魚の鱗状に広がっていった。

干拓地は、開拓した者の所有地となり、藩はそれに対して課税する。しかし、干拓地では塩分が強くすぐに作物ができるわけではないため、はじめのうちは綿などを植えることが多い。米ができるようになるまでに五年程を要するため、それまでは、税金を免除したり減免するなどの優遇措置を施し、新田開拓の意欲を高めるよう努めた。

吉政・忠政親子の後にも、立花宗茂をはじめ歴代藩主たちは積極的に有明海の開拓を進めた。今となっては、慶長本土居は取り壊されその大半が道路となっているが、慶長本土居を基点に広がった干拓地は今も地域経済に大きく貢献している。

寺社政策

吉政は、旧在地領主から寄進され、或いは、豊臣秀吉の九州平定後に保護されていた寺社領を領内検地の上、「田中高」という新たな基準によっておよそ半分に削減している。

田中高は国内向けに石高を表わす検地基準として設けられたものだが、太閤検地で表わされた石高と同じ石高でも実際には半分程度の領地となる。そのため、認められた寺社領も半減することとなり、寺社の経営は相当のダメージを受けた。

例えば、高良大社（こうらたいしゃ）（久留米市）は、立花宗茂時代と同じ一〇〇〇石を寄進されているが、吉政による寄進は「田中高」に基づくもので、実際の石高は半分程度にとどまる。同じような例は、水田天満宮（筑後市）、千光寺（久留米市山本町）、風浪宮（ふうろうぐう）（大川市）、安国寺（久留米市山川町）などにも見られる。

だからといって、吉政が寺社全てに対して同じような扱いをしたわけでもなさそうだ。毛利時代に奪われていた寺社領を復活させ、田地を寄進するなどということも行っている。久留米市の大善寺玉垂宮や筑後市の熊野坂東寺、八女市の正福寺や光明寺、真妙寺、筑後市の了源寺、久留米市城島町の九品寺、大川市の栄勝寺などがある。神社では、田主丸町の明石田八幡宮や柳瀬大菩薩、諏訪明神などがそうである。

寺町構想もあったはずだ。秀吉にならい、岡崎城主時代には寺社を移転させ、経済的な発展を見込める寺町づくりに取り組んだが、この時は、寺社同士の関係悪化が原因で計画通りには進まなかった。筑後でも、新しい国づくりを進めるなかで、寺町をつくりたいと構想していたのではないかと思われる。

基幹交通網の整備

吉政は、柳川城を本城と定め、久留米城に二男吉信（則政）、福島城に三男吉興（康政）を置き、他の各支城にも一門や重臣を配置した。

入国した当時の不安定な情勢を考えると、国の守りを固め国内の安全と安定を図ることが急がれた。そのため吉政は、柳川城と支城を結ぶ交通路の整備を進めたり、新しい道路を開通させた。なかでも慶長七（一六〇二）年に久留米城と柳川城をほぼ直線で結ぶ道として開通させたのは、防衛上、最も重要視した軍事道路だった。この道路、元亀三（一五七二）年に織田信長が、浅井攻めの折に小谷城と宮部城を結ぶために築いた軍用道路を連想させる。現在の県道二三号にほぼ沿って走るこの道は「久留米柳川往還」や「田中道」と呼ばれている。

田中道は、道の両側に溝を掘り水はけを良くし、掘り起こした土を道の中央に盛って、防衛的な機能を考えた構造になっていた。基本的に直線の道路だが、要所に曲がり処を配置するなど、敵の侵攻を防ぐための工夫も施している。

田中道をつくった当初は、周りに人家や宿泊施設もなく旅客にとっては不便であったことから、近くの農村から人を集め町や市をつくった。こうして、農村から集められた住人には、税金の一部を免除するなど優遇措置を施している。田中道開通の翌年、慶長八年には田中道沿いに「土甲呂町（ところまち）」や「津福町（つぶくまち）」などの町が新設されている。

他にも「下田町」「金屋町」「横溝町」「大角町（おおずみ）」「田川町」「山野町」「目安町」などが町立てされ、大勢の人の往来で町は賑わいをみせるようになる。

田中道（久留米柳川往還）は柳川から久留米まで次のような行程となっている。

□柳川城下―矢加部（やかべ）町―金納町―下田町―金屋町―八丁牟田（はっちょうむた）村―横溝町―大角町―

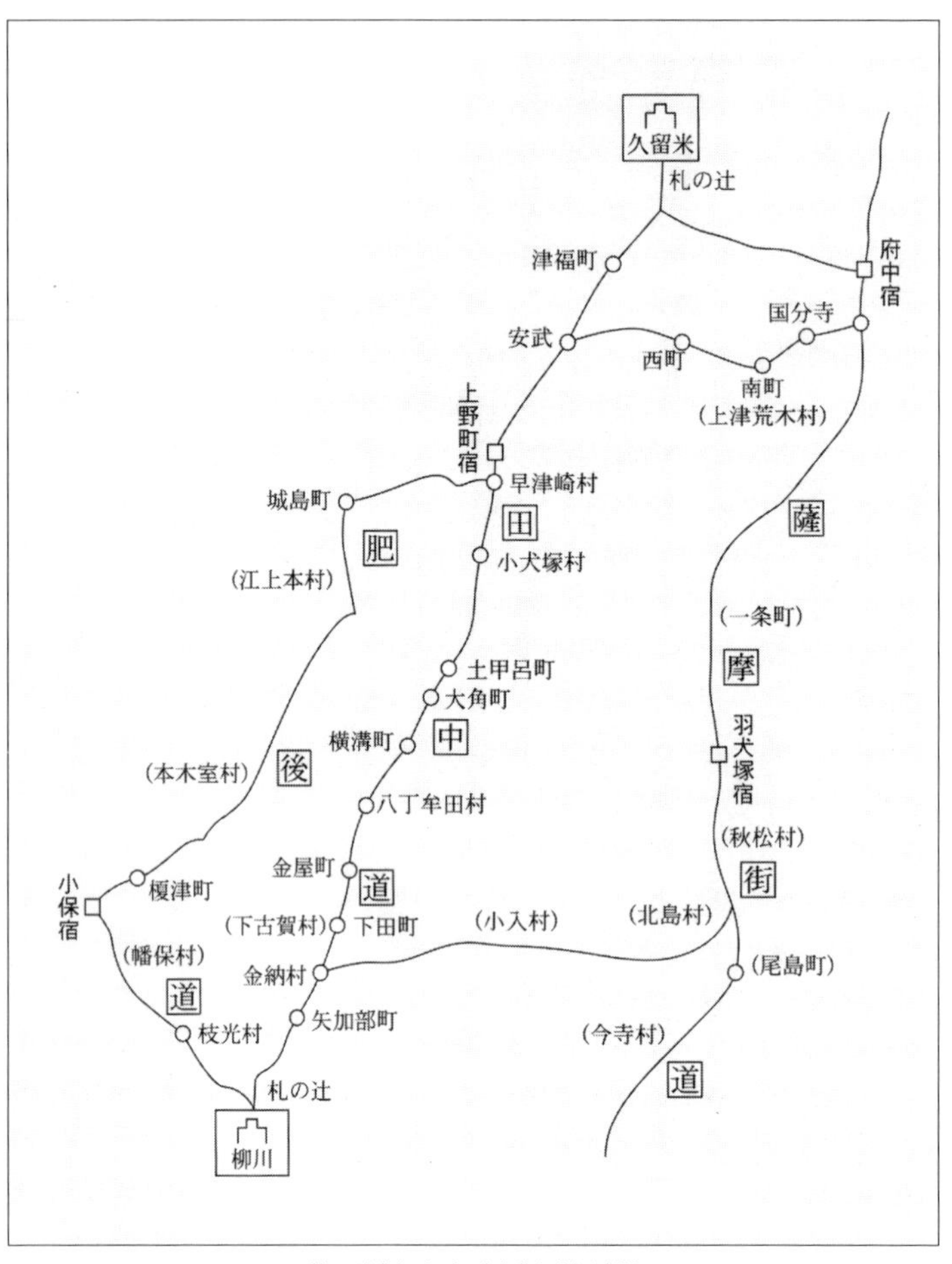

柳川城と久留米城を結ぶ道

土甲呂町―小犬塚(こいぬづか)村―□上野町―安武町―津福町―□久留米城下（□のところが宿駅（人馬継所））。

田中道の他にも久留米市安武町追分で久留米柳川往還から分かれ、西町、南町、国分町を経て御井町矢取に至り薩摩街道に合流する「府中道」など、柳川城と他の支城を結ぶ交通路の整備や拡充を推し進めた。そして、併せて行った市立てや町立ては、人や物資の往来を活発にし、町の繁栄を促す基礎をつくっていった。

「土甲呂町」や「津福町」などの住人たちは、吉政の死後、吉政をしのび「座」をつくって「御免地祭り」を催すなどして、功績を称えた。また、吉政がつくった「田中道」の道筋には、津福八幡宮境内（久留米市津福本町）の「田中神社」や住吉宮境内（大木町土甲呂）の「吉政社」、横溝町の「兵部(ひょうぶ)神社」など、吉政ゆかりの小社が点在し、「土木の神様」として今も地元の人たちに祀られている。

国を治める者の条件

吉政は治水にも長けていた。筑紫平野は、筑後川が運んでくる肥沃な土によっ

田中吉政像

て、稲作に適した豊かな土地だった。しかし同時に、低湿地帯のため筑後川の氾濫によって度々被害を受けていた。このように、筑後川は栄養に富んだ水や土を運んでくれるが、一方で、度々氾濫をおこし周辺地域に大きな被害をもたらした。吉政は、筑後川の洪水を防ぐために、筑後・矢部両河川を中心とする主要な川から分流させ、網の目状に掘割を整備し水を引き入れた。そして、水運や稲作のための用水路を整備した。また、吉政が柳川城下に縦横に走らせた掘割は、物資を運搬する機能と生活用水としての機能を併せ持っていた。

柳川に整備された掘割利水の仕組みには、非常に多くの知恵が活かされている。例えば、高低差の非常に小さな平野部で水を行き渡らせるために堀の幅を一定にせず、橋のたもとでは堀の幅を狭くしている。緩やかに流れてきた水が狭い所を通過すると勢いを増し、水の流れが速くなる。その際、水をかき混ぜることで水中に酸素を取り込む効果も生まれる。また、生活用水などで日中使用した水は新しい水と入れ替わり、明け方には綺麗な水が堀に入ってくる仕組みができていた。つまり、堀は自身で水を浄化する能力を有していたということだ。

また、水路はV字型に作られているため、より多くの水を貯えることができる。例えば、大雨が降ってもため池として水の氾濫を防ぐ機能を果たす。たとえ、堀で水をとどめることができなくても、周

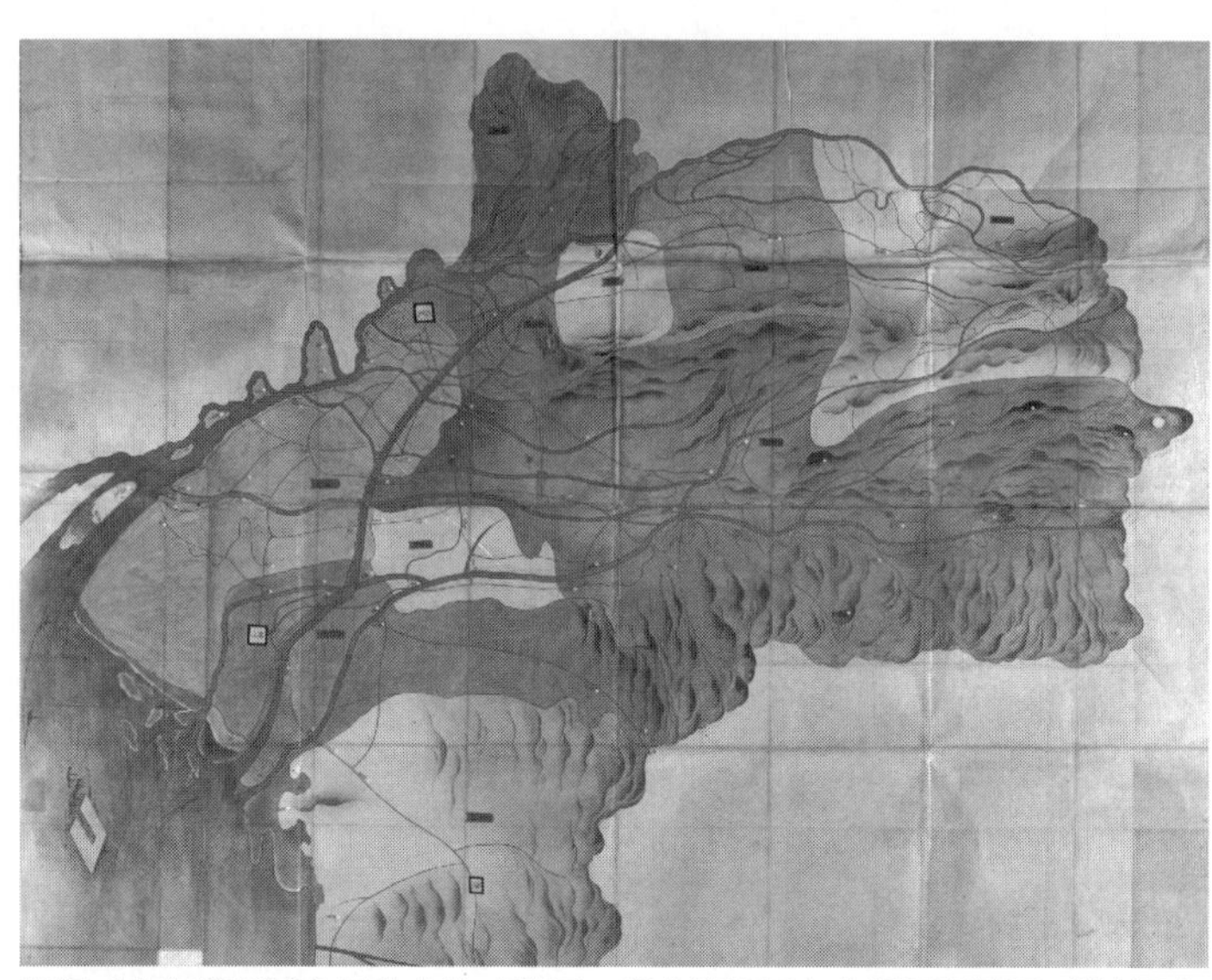

慶長ノ末年柳川城主田中吉政ノ計画ニ係ル筑後国内大運河設計図（『渡辺家史料』柳川古文書館提供）

りの田んぼが水を受け止める。多少水に浸っても数日後には水が引き田んぼは元に戻る。氾濫によって運ばれてきた栄養度の高い土などは、田んぼを豊かにもしてくれる。私たちは今、機械や電気の力を使って水を浄化、供給しているが、柳川の堀には既に、自然の力を活かした非常に高度な先人の智恵が活きていた。吉政は、近江八幡城と城下町づくりにおいて、下水道機能を備えた掘割の整備を行っているので、柳川での掘割の整備にもその知恵と技術が活かされたと思われる。

今では生活用水としての機能はなくなったが、川下りの「ドンコ舟」が往き来し、四〇〇年経った今日の柳川を代表する観光事業として、地域経済に貢献している。

吉政は、治水によって経済的な安定を図りながら、水運機能と軍事的な防衛機能を併せ持つ仕組みをつくったが、こうした治水事業は、水害の脅威から領民を守り、農業の生産性を高めるとともに物資輸送や生活用水の利用を大いに助けた。

さらに、善導寺村より筑後川の水を引き入れ、高良山下を経て三潴郡を横切り、塩塚川に注ぐ大運河も計画していたという壮大な話も残っている。この計画が実現することはなかったが、実現していれば、現在の経済活動でも大いに利用されるものになったに違いない。

地場産業の振興

交通網や水路を整備し国の骨格をつくる。そこに町を立て経済的発展の環境を整えながら、経済振興策として地場産業の育成策も打ち出す。溝口の和紙や蒲池の陶器（蒲池焼）、上妻のお茶、下妻のイ草などだ。

秀吉にも好まれた蒲池焼

蒲池焼の祖・家長彦三郎方親（いえながひこさぶろうまさちか）の作品は、豊臣秀吉からたいそう気に入られ、朱印状を賜った。そして、毎年春と秋には、秀吉に半多土鍋土器を献上するほどであった。そのため、吉政が招き入れた時には既に、方親の作品は高価なものとして身分の高い者に好まれていたようだ。

蒲池焼は元々、肥前佐賀の鍋島直茂に仕えていた家長彦三郎方親が慶長九（一六〇四）年、吉政に招かれ肥前から筑後の西蒲池に移り、土器を焼いたのがはじまりとされている。蒲池焼は、素焼きながら、重厚で上品な色合いがその特徴と言えるだろう。吉政は方親に禄を与えた。そして、筑後国土器師役を与えるなど重く用いた。

田中家改易後は、柳川藩の御用窯として江戸幕府献上の土器や藩主御用の土器をつくっている。明治に入り製造は途絶えたが、現窯元の伊東征隆さんが復活させ現在に至っている。福岡県柳川市西蒲池の蒲池窯には、独特の気品を放つ様々な作品と共に、秀吉から賜った朱印状の写しが掲げられており、その歴史の重さを感じることができる。

九州和紙発祥の地「溝口」

溝口の和紙は文禄の初め、この地を訪れた日蓮宗の僧であった日源が、矢部川の水が紙づくりに適していることを知り、親族を故郷の越前（福井県）から呼び寄せ、紙づくりの技術を伝えた。そのうちの一人が、九州和紙の指導者と言われる矢箇部新左衛門（やかべしんざえもん）である。

筑後では原料となる楮（こうぞ）が豊富に採れた。その楮と矢部川の水で溝口の和紙は品質が高いと、立花宗茂の代から御用紙と

蒲池焼

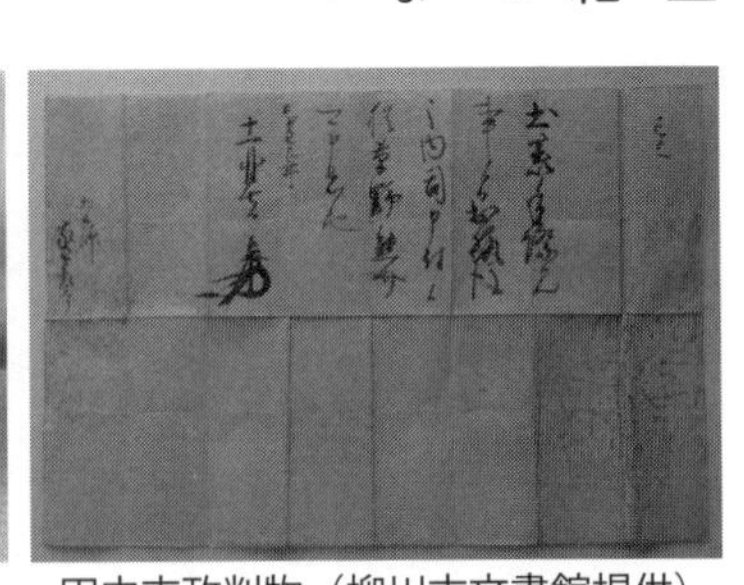

田中吉政判物（柳川古文書館提供）

矢箇部新左衛門の功績を称え、子孫たちが建てた記念碑と説明板

して認められた。その後、吉政が領主となってからも御用紙として溝口の製紙産業が盛んになるよう奨励した。田中家が改易になった後は、柳川藩主となった立花宗茂が藩ご用達の紙として保護した。

矢箇部新左衛門は、紙をつくる技術を積極的に教えた。そのため北部九州全土に和紙づくりの技術が広まった。その功績を称え、新左衛門の子孫たちが記念碑を建てた。ちなみに、この説明板の題字を書いたのは中村佑興（すけおき）という立花藩士で、明治七年、大蔵省紙幣寮初代抄紙部長に就任し、紙幣に入れる透かしに最適な「中村紙」を開発するなど大きな功績を残している。また、中村天風（てんぷう）の父親としても著名である。矢箇部新左衛門の子孫の中には、紙を利用した不燃建材を製造販売する株式会社三和不燃ボードの矢加部尚武さんなど、溝口の地では今も紙に関する技術を承継している方々がおられる。

コラム　八女茶の歴史

和文化教育 敬水会・裏千家茶道
代表・教授　志村　宗恭

田中吉政公は、様々な産業を奨励し、筑後の生産力を高めることに力を注いだ。お茶では、上妻（現立花町）のお茶を盛んにしたようだ。筑後領内で、吉政公ゆかりの地でもある筑後八女も和紙をはじめとして伝統工芸品が多数残っている地域である。中でも八女茶は日本有数の品質を誇る名産物だ。お茶は今、健康の上でも毎日の生活に欠かせない物だが、原産地は東南アジアとも中国の雲南省とも言われている。

茶の〝栽培法〟及び〝喫茶法〟が日本に伝わったのは、一一九二（建久二）年鎌倉時代の事だ。宋で禅を学び帰国した栄西禅師が中国から持ち帰った茶種を福岡県と佐賀県の境にある脊振山石上坊に播き伝えたのが始まりとされる。茶祖栄西禅師は博多に〝日本最初の禅寺〟「聖福寺（しょうふくじ）」を建立し境内にも茶種を植えた。

その後、筑後三井郡の千光寺を建立し、それからその末寺である星野村の大円寺、あるいは、宇治などへも茶樹が広まっていったと思われる。八女茶の祖とされる周端禅師は、それから約二〇〇年後、一四〇六（応永一三）年に明国から帰朝し筑後国黒木町に〝霊巌寺〟を開き、茶の普及に尽力したとされる。霊巌寺境内には、八女茶発祥記念館があり、周端禅師への献茶式も毎年行われている。

室町時代から安土桃山時代は、茶の湯の武家社会への異常な程の流行があり、特に秀吉は無類の茶の湯愛好者であった。吉政公も秀吉の影響を受けて、当時の武将と同じように茶を嗜んだに違いない。この時代の茶といえば〝抹茶法〟で、ほとんどが宇治京都一円で生産されていた。

明から伝わった筑後国の釜炒式煎茶はほとんどが筑後国内で消費されていたようで、茶園もまだ自然生の山茶を利用した茶園で、集落ごとに細々と生産されていたようである。

江戸時代に入っても福岡藩の〝櫨（はぜ）〟や佐賀藩の〝陶器〟などのように藩の専売品とまではなっていない。もちろん、〝初音〟や〝鶯〟などの銘茶は大坂など藩外へも移出はされていたが、財政の一助とまではなっていないようだ。その後、天保年間になると、久留米藩が財政窮迫してくる。柳川藩久留米両藩の奨励により八女山間部のほとんどの地域まで茶樹が広がるようになる。また、宇治からは製茶技師を招へいし学び、品質をより改善していった。こうした努力により、茶は贅沢品の一つとして琉球国へも輸出されるようになった。

幕末になると英国やアメリカへ、より一層輸出が盛んになり、長崎の大浦慶などの日本茶貿易商が九州一円に買い付けに廻るようになった。それにより緑茶生産の増加が進んだ。

今の八女茶としてのブランドが確立したのは大正時代になってからで、新しい茶園が八女西部に続々と造成された。今のようなきっちりとした茶園管理を徹底して行い〝蒸し製の手揉み茶〟という現在の馥郁（ふくいく）たる煎茶へと向上させた。

和食の世界遺産登録にともない、茶も健康飲料として世界中から改めて注目されるようになった。茶を飲まないという日本の若者たちにもぜひ、この素晴らしいものを見直してほしいと思っている。

吉政とキリスト教

吉政は、浄土真宗をあつく保護する一方でキリスト教にも理解を示し、厚遇している。

慶長一〇（一六〇五）年、イエズス会の報告書では、「領主（田中吉政）と家臣たちは、司祭が柳川へ行くと手厚くもてなし、挨拶をし、司祭たちと教会をたいそう厚遇してくれる。本年、彼（吉政）は良い地所を彼らに提供し、そこに教会と司祭が一名その藩庁に常駐できるのに必要なすべての宿泊施設を建設してくれた」と伝えている。

また、慶長一二（一六〇七）年には、柳川を訪れた神父バエスを大いに歓待し、銀二〇枚を贈り、天主堂の聖像のために多額の寄付も行っている。

キリスト教を奨励し、家臣が洗礼を受けることも認めている。自らも、「パルトロメヨ」という洗礼名を持っていた。当時、キリスト教を奨励した大名の多くはヨーロッパなど海外の情報を得ることを目的としていたようである。吉政は防衛、水運、治水、そして生活用水を確保するために、幾つもの堀を整備した。なかでも、柳川城下の掘割は、美しい水の都市をつくり上げた。

一説には、柳川の都市デザインは、水の都ヴェニスがモデルになったとも言われているが、宣教師から聞いた情報が元になったとも思われる。吉政も当然、海外の事情を知る情報源として異国の宗教を保護したのであろうが、正義感が強く質素な生活を旨とし、領民など弱い立場の者には情けをもって接する吉政にとって、キリストの教えに共鳴するところも大きかったのではなかろうか。

吉政とキリスト教の関係を表すものとして、興味深いエピソードが残っている。肥前長崎村の領主で現在の「長崎」という地名の由来にもなった人物として知られる長崎甚左衛門（ながさきじんざえもん）が、慶長九（一六〇四）年に所領を失った。甚左衛門はキリスト教徒であった。そのため、同じキリスト教徒の田中吉政を頼って筑後に入り、しばら

く吉政に仕えていたようである。キリスト教徒としての吉政は、教会の中でも著名な存在になっていたのではないかと思われる。

吉政の死後、その遺骨は現在の眞勝寺（柳川市新町）に祀られているが、吉政の墓石は眞勝寺本堂の真下にある。墓石に使用している石は、キリスト教徒の間では高貴な石とされるもので、先端部分は十字に切り込みが入れられ十字架をイメージさせる。まさに、キリスト教徒の墓のようだ。

墓石そのものは、三二万五〇〇〇石の大名の墓としては案外と小さく感じる。また、本堂の下に墓石を安置するというのは、我々では考えられない発想だ。実は、吉政の墓は墓石の上にある本堂全体を含めて墓と考えたつくりになっているそうだ。これは、キリスト教徒の中でも、司祭など位の高い人物が墓をつくるときに採る方法だといわれる。

長崎甚左衛門の像

こうした墓の作り方から考えても、吉政はキリスト教徒であった。今でも、眞勝寺には海外からの参拝者が訪れるという。

徳川幕府が禁教令を出すのが慶長一七（一六一二）年。吉政の死は、それより三年前のことだから、吉政がキリスト教に影響を受けたとしても不思議ではない。

吉政の死

吉政の死については諸説あるが、慶長一四（一六〇九）年二月一八日、江戸参勤の帰途に伏見の旅亭でなくなった。

死因については、病死か酒による毒殺という説もある。享年六二だった。

ちなみに秀吉も六二歳で没している。

眞勝寺本堂（柳川市新町）

田中吉政の墓石

法号は「崇厳院道越円光院」、また「大格院殿前筑州大守従四位下　釈桐巖道越大居士」とおくられ、遺骸は金戒光明寺（京都市黒谷）と眞勝寺（柳川市）に葬られている。

眞勝寺にある吉政の位牌には、表面が「筑州太守従四位下桐巖道越大居士神儀」、裏面に「慶長十六才次辛亥二月十八日」と墨書されている。

京都 金戒光明寺

筑後国主として、国境防備で国の守りを固め領民の安全を確保し、治水で自然災害を減らすと同時に領地を拡大し、豊かな国づくりを推進した。また、城下町の整備と領内の交通の利便性を高め、道路沿いに町を立てるなど、わずか八年の間に様々な事業を成し遂げ、今日でもなお生き続けている都市のグランドデザインをつくり上げた。わずか八年の間に国のあり方をデザインし、その実現のための様々な事業を成し遂げ、国の基礎をつくり上げた功績は高く評価されるべきである。

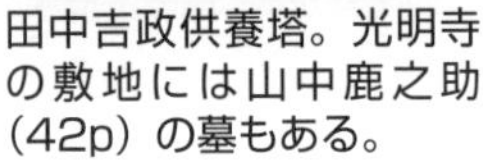

田中吉政供養塔。光明寺の敷地には山中鹿之助（42p）の墓もある。

山門をくぐった先、広大な敷地の中に本殿がある

吉政の死後、その思いは四男の忠政に受け継がれた。毎年、吉政の命日近くになると、ゆかりのある人や柳川郷土研究会、田中吉政公顕彰会の方々、周辺の行政関係者などによる慰霊祭が行われる。

余録　改易、そしてその後の田中氏

その後の田中氏

田中家は改易され、家臣たちは近江に帰った者、九州の大名に仕官した者など様々だったようだ。田中家の後に二一万石の大名として久留米に入った有馬氏は、大幅な加増に対する家臣団が必要となり、田中家の家臣五〇数名を中級以上の格式として採用しているようだ。また、『福岡県史　近世資料編　久留米藩初期　上』では、有馬家家臣の構成ということで、田中家から士官した者を五三名掲載している。

吉政には四人の息子がいた。二男吉信と四男忠政の家は絶えたが、長男吉次と三男吉興の家は、田中家改易後も存続した。吉次は父吉政との関係が悪化し廃嫡、京都に移った。『新訂　寛政重修諸家譜』によると、吉次の跡を吉勝が継ぎ、その子正信は徳川秀忠に仕え、後に賄頭などを務めている。また、『石川県姓氏歴史人物大事典』では、吉次の孫にあたる寿庵宗顕の子宗二とその子宗得が一閑を称し、一閑は後に加賀藩の第四代当主・前田綱紀に仕えたと記している。

吉政の三男吉興には男子がいなかったため、上野阿保藩主菅沼定盈の息子を養子に迎え、吉官（よしすけ）と名乗らせた。吉官の子孫は旗本として存続した。

田中家改易後、その領地は立花藩と有馬藩が引き継いだため、統治者との関係によっても田中家の人々の生活が大きく影響を受けたことは間違いない。吉政とのつながりを堂々と表わせない土地であったり、柳川城と比較的近距離であっても田中姓を名乗り、吉政が使っていた尾長左三つ巴やそれを加工した家紋を使っているところなどがあり、興味深い。

田中家は改易され国を失ったが、田中家ゆかりの子孫たちはその後どうしていたのか。有馬藩に採用された家臣も多く認められるが、田中家に近いものの仕官となると難しかったのではあるまいか。改易後の田中家ゆかりの人々の足取りを調べてみると、旧筑後国領内で、四〇〇年経った今日でもみやま市の山川町真弓や瀬高町廣瀬などで、代々田中家の血をつないできたような地域もある。

それらの地域を実際に訪ね、田中家との縁について調べてみた。

【福岡県みやま市瀬高町廣瀬地区】

廣瀬地区は、九州自動車道「みやま柳川ＩＣ」と「八女ＩＣ」の中間から東側に広がる山手に向かった所で、柳川城から見ると直線距離にして約一三キロメートル、車でも三〇分ほどかかる距離にある。矢部川を挟み久留米藩領となった八女市の対岸に位置し、柳川藩領の端にあたる。

廣瀬地区は、矢部川に面していたことから、田中吉政が入部する前は洪水などの被害も多かった。筑後国主となった田中吉政が矢部川の治水工事に着手し、その後を立花藩が引き継ぎ堤をつくった。そうして矢部川の流れを落ち着かせることができるようになると、人が移り住むようになった。

廣瀬地区は、農耕に代えて和紙製造が盛んで、当時は、矢部川沿いに和紙を扱う問屋や商店などが軒を連ねていた。そして、矢部川には渡しがあり、広瀬で製造した和紙などを船で運んでいた。問屋街に沿って走っていたのが、柳川城と矢部村を結ぶ矢部往還で、商人や旅人など人の往来が活発だったことから、多くの店なども並び、町は栄え活気に満ちていたようだ。当時の街道沿いには今も、恵比寿大黒様が祭られており、その頃の繁栄を今に伝えている。

和紙づくりが盛んだった当時の様子を伝えるものとして、廣瀬から柳川方面に一キロメートルほど行くと、記念碑（二二七ページ参照）が建てられている。記念碑はこの地に和紙製造を伝えた矢箇部新左衛門の功績を称えるため、明治に入って子孫が建てたものだ。

廣瀬地区一帯は、美しい水と和紙の原料となる良質な楮（こうぞ）に恵まれていた。矢箇部氏が伝えた紙すきの技術によってできる和紙は、非常に質が良く、立花宗茂、田中吉政、そして、立花藩の御用紙として保護され、幕府に献上するなど藩を支える名産品の一つに数えられた。

隅切り左三つ巴紋

尾長左三つ巴紋

そのため、御用紙を製造するこの廣瀬地区は、比較的裕福な地域であったと考えられる。現在、この廣瀬地区には、八〇戸ほどの家があるが、田中家と関係があるのは田中家と末次家のようで、約五〇戸が田中家、約二〇戸が末次家である。数は少ないが河野（かわの）水軍と同じ家紋の河野家も見受けられる。吉政が河野水軍の一族を家臣としていたのかもしれない。

印刷業を営む有限会社田中紙工印刷（田中邦昭社長）の先祖も、江戸時代は紙問屋を営んでいたという。邦昭氏の家紋は左三つ巴の外側を八角形にした「隅切り左三つ巴」という紋である。

同じ家紋を持つ田中和歌子さんの亡くなったご主人・田中照男さんは豊原小学校、瀬高南小学校などの校長先生を勤められ、地域の歴史を熱心に調べ編纂されていたようだ。このような方の研究のおかげで、地域の歴史が残されているのだろう。ちなみに、田中和歌子さんによると、こちらの田中家でも代々、和紙を製造し、それを藩に納めていたという話をご主人から聞かされていたという。今も、ご自宅には当時の紙すき用の道具の一部と和紙が残されている。近所の田中さんに伺うと、やはり、和紙の製造に携わった家や番傘に塗る油を扱っていた家もあったようだ。

明治に入って廣瀬地区から福岡に移り住んだ子孫もいる。福岡市内で貸しビル業を手掛ける株式会社理創の田中啓之社長と建物資産コンサルタントの株式会社トリビュートの田中稔眞社長の先祖は、みやま市瀬高町廣瀬に住み紙問屋などを営んでいたようだ。家紋は、田中吉政が使用していた尾長左三つ巴である。隅切り左三つ巴など、どのような経緯で家紋が変化したのかは分からないが、田中吉政の流れを汲んでいると思われる。

廣瀬地区の共同墓地に同家の先祖が彫らせたと思われる大きな石碑がある。調べてみると、田中興助さんが四男の四方吉さんを追悼するために彫らせたもののようだ。四方吉さんは、田中啓之社長の曽祖父である卯吉さんの弟にあたる人である。明治期に小松宮殿下（彰仁親王）の近衛兵として近衛歩兵第四連隊に属し、後に大陸へ渡ったことが記されている。小松宮殿下は、近衛師団長や参謀総長を歴任され、日清戦争では旅順に赴かれているので、四方吉さんもそこにいたのであろう。近衛師団は、全国から選抜された兵によって構成されていたため、近衛兵になることは非常に名誉なこととされていた。

廣瀬地区は柳川城から直線でも一〇キロメートル以上離れてはいるが、田中家改易後は立花藩の支配下である。立花藩は田中家が筑後を統治する前に柳川を治めていたが、関ヶ原の戦いで西軍に付いたことで改易された。立花家と田中家は元々、豊臣系大名で交戦もないが、改易された側の田中家の一族としては、幕府の目もあり、やはり窮屈な思いをしていたのではなかろうか。なぜ、田中家ゆかりの人たちはこの地に住み着いたのか。そして、紙づくりなどに携わりながら名や身分を伏せることなく、左三つ巴系の家紋を使い続けることができたのか。興味の尽きない場所ではある。

【福岡県みやま市山川町真弓地区】

みやま市山川町真弓に住む田中氏は、廣瀬地区の田中氏とはかなり違う境遇にあったようだ。山川町真弓は、肥後（熊本県）との境界近くに位置する、山に囲まれた一角だ。

真弓地区は六〇戸程の家が集まっているが、その中で田中吉政と縁のある子孫が一五軒残っている。その内、田中姓を名乗る家が一二軒、竹内姓を名乗る家が三軒ある。竹内家も田中家の流れを汲んでいるといわれている。

真弓地区を訪ねると、河野さんが共同墓地の敷地内に田中吉政を祀っているとご親切に墓地まで案内してくださった。伺った通り、確かに墓地の敷地内に石碑とご神体が安置されている。ここで、この石碑とご神体の由来を聞くと、この地の田中家がどのような思いで生活し、主君を祀ってきたかが垣間見えた。

石碑とご神体の前には、田中吉政と田中家、同じ田中家筋の竹内家との関係が表記されていた。その説明書きによると、筑後国主となった田中吉政は、この地を堅く守らせるため一族の重臣を住まわせた。そのため、この地に田中一族が住みつくことになったが、田中家改易後は、この地を立花宗茂が治めることとなった。

宗茂は真弓地区の大庄屋に椛島（かばしま）氏を任命し重く用いた。椛島氏は、田中家統治時代に吉政によって処刑されたという経緯がある。その椛島家を宗茂が再興させ、真弓地区の統治を任せるようになったため、田中家の人々は公然と吉政を祀ることができなくなった。

そこで、田中家の人々は、吉政のご神体としている岩と石塔に「南無阿弥陀仏」の文字を刻んだ。主君吉政を自分たちの神として祀っていることが知られないように、そして万が一、吉政との関係を追及されても、あくまでも先祖供養であるという言い逃れをするための苦肉の策であったと考えられる。

山川町真弓地区では、田中吉政を祀る御神体が安置され、田中家とこの地区との関わりを記した掲示板が設置されている

こうした経緯は、吉政を祀る田中家のお一人、田中晴美さんからも伺うことができた。田中さんによると、田中

吉政と地域に関する話は伝えられてきたようで、毎年一月三〇日になると、真弓地区の田中・竹内家が集まり南無阿弥陀仏と彫られたご神体の前で、神事による祭例を執り行うそうだ。身の危険を感じながらも、代々、田中吉政の一族であるという誇りを抱きながら、ご神体を祀り、後世に伝え続けようとしたその苦労は、我々の想像が及ばないほど厳しいものであったに違いない。

ちなみに、真弓地区の田中家では「丸に違い鷹羽」を家紋として使用している。家紋は左三つ巴ではないが、ご神体に南無阿弥陀仏を刻んだことや当時の田中一族が置かれた環境を考えれば、吉政につながる証拠となる左三つ巴を封印していたとしても不思議ではない。

今回の取材によって、広瀬地区や真弓地区については田中吉政や田中一族との関係性が判ってきた。しかし、田中家は改易となったことで、その後の記録が非常に少ない。そのため、四〇〇年を経た今日、田中家との関係があると思われる地域でも、それを裏付けるための資料や伝承が存在しない場合の方が多いように感じた。しかも、別の場所に移り住んだり、長い時間の中で伝承が途絶えたりしていれば、なおさら田中吉政との関係性を確認することは難しくなる。

広瀬地区や真弓地区以外も幾つかの地域を訪れたが、なかなか拠りどころとなる言い伝えや資料に出会うことはできなかった。例えば、八女市立花町白木地区も田中姓が多いと聞き、訪ねてみた。残念ながら、田中吉政との関連性を示す資料は、今回の訪問では見つけることができなかった。しかし、この地区は前述した山川町真弓地区とも近い。土地の人に伺うと、以前から真弓地区との行き来もあり、結婚して縁戚関係を結んだ家もあったというから、田中吉政や一族との関係について可能性を感じずにはいられなかった。他の地域にも検証のために訪れたが、ここで紹介できるような収穫はなかった。だからといって、まったく関係が無いとも言えないので、今後、その後の田中氏については調査を続けたいと思っている。

余談になるが、黒田藩領であった朝倉地区も訪ねてみた。隣接する藩であることから田中家改易後に、柳川から移り住んだ可能性もあると考えたからだ。が、田中吉政との関係を示すものは見つからなかった。しかし、取材の中で立ち寄った品照寺(ほんしょうじ)で、貴重なお話を聞くことができた。

品照寺は、筑前国触頭(ふれがしら)（※本山や寺社奉行からの命令を配下の寺院に伝える役目）であった博多の萬行寺から幕府や福岡藩、本願寺からの御触状を取り次ぐ重要な役割を担っていた。天正一五（一五八五）年、秀吉の九州平定の際、本願寺の教如（顕如の嫡男でのちの東派門主）が九州に下向したが、この時、教如一行の宿泊所を務めたのが品照寺だった。その際、お宿役を務めた五人の中に田中久造と田中伊助という二人の田中姓の名が記された資料が残っていた。吉政との関係は定かではないが、地域の中で重要な役割を果たしていたようだ。

品照寺には歴史的にも価値の高い貴重な古文書や書画が残されており、先の教如の九州下向に関する資料は歴史を裏付ける貴重な文化遺産でもある。こうした文献などは今、歴史資料館などで保管されている。

個人でも、伝えられた文献や資料によって田中家とのゆかりが明らかな人もいれば、田中家との関係が確認された人たちもいる。

例えば、八女をはじめ静岡県伊豆市修善寺や大分県湯布市湯布院町の店舗、全国の百貨店で純国産の蜂蜜を販売している、有限会社九州蜂の子本舗（本社　福岡県八女市蒲原）の田中義照社長と弟の泰裕氏は、吉政の二男で久留米城主（一八二ページ）だった田中主膳正則政（吉信）の子孫である。お二人の本家にあたる久留米市北野町の田中家には、田中主膳正の内位牌があったそうだ。昭和三三年に西方寺の前住職が田中

左：赤司城主田中清政の墓　右：久留米城主田中則政（吉信）の墓

家を訪れた際、ご住職にこの位牌を見せたところ、「この位牌は当寺を興した方で、田中主膳正ですよ」と説明を受け驚いた。このことで、田中則政との関係が明らかになったというわけだ。田中ご兄弟は、独自に田中吉政と則政について研究され、今回の取材でもいろいろとご教授いただいた。

また、本名が「田中吉政」という方にもお会いした。福岡県久留米市北野町の千年乃松酒造株式会社の田中吉政社長である。同社は、安政二（一八五五）年に創業した老舗。田中吉政社長で七代目となる。田中社長の家では、五瓜に四つ目結や五瓜に四ツ菱を家紋に用いておられたようだ。実は、田中吉政社長の本家は、先述の田中ご兄弟の本家とも近い場所にある。田中泰裕氏にこの家紋について尋ねたところ、こちらの家でも田中主膳正の位牌が出てくる前は、同じような家紋を使っていた時期があるとのことだった。田中姓であること、本家の場所、家紋などから考えると、千年乃松酒造の田中家も田中則政との縁があると思われる。

福岡県小郡市には、吉政の弟で赤司城主（一八四ページ参照）だった田中左馬允（さまのすけ）清政の子孫がおられる。清政は、兄吉政から一万七〇〇〇石を与えられ赤司城主となった。清政は、城の修築と拡張を行ったり、赤司八幡宮を再興するなど祭礼を盛んにした。また、城下町づくりにも力を入れ、現在の町並をつくったといわれる。元和五（一六一九）年にその生涯を終えるが、墓は清政が寄進した榮恩寺に今も残っている。

田中重雄さんは、清政から数えて一三代目の子孫に当たる。清政の菩提寺である榮恩寺に残されている資料から、重雄さんの先祖を清政まで遡ることができる。そうした資料の中の「田中家初代ヨリ之記録」によると、清政の子孫は有馬藩より大庄屋に任じられ、地域の統治に関わっていた。

福岡市城南区の株式会社井口工務店の吉田良子社長も田中家の子孫である。家紋は左三つ巴を使用している。

吉田社長は、幼い頃から田中家の事を聞いて育った。田中家の事を話してくれたのは、主に祖母だった。

同家は柳川城に近い吉富に居を構えていたが、田中家改易後に近江の高島に引き上げている。その後、田中家は吉富に戻り、盛道が立花藩の御殿医として柳川藩に仕えるようになった。盛道は長崎で蘭学を学んだ経験を認められ、御殿医として仕えたと言われている。

前列左が吉田社長の祖母、田中チヨさん（旧姓）

吉田社長の祖母も吉富の田中家で生まれたそうだ。祖母は、星野村の高木氏と結婚した。高木氏といえば、南朝の懐良親王（後醍醐天皇の皇子）が征西将軍に任じられ九州で戦った際、親王と共に戦った星野一族である。家系については、田中吉政の三男、吉興の子孫であろうと言われてきた。確かに吉興は、田中家断絶後に近江・三河などに二万石を与えられ、大名として家を残した。男子がいなかったため、徳川譜代の菅沼氏から婿を迎え、後の代には旗本となった。

星野一族の高木氏に嫁いだ祖母は、後に吉田社長の母親を連れて柳川に戻り、本家を継いでいる。吉田社長も吉富の田中家で生まれた。そのため、吉田社長は田中家について見聞きしたことを記憶にとどめておくことができたわけだ。

田中家子孫だけでなく、吉政の功績を伝えていこうと活動している団体もある。「田中吉政公顕彰会（荻島清会長福岡県柳川市坂本町）」は、吉政の功績を顕彰する目的で約五〇年前から活動している。田中氏の関係者だけで構成されているわけではなく、柳川郷土研究会や柳川、大川、みやま、大和の建設協同組合などがその活動を支えている団体である。会員数は一六〇名あまりを数え、吉政の命日である二月一八日前後の日曜日には顕彰会会員をはじめ柳川市やみやま市の市長や役職者、商工会などから毎年、多くの人々が参列し慰霊祭を行っている。

全国に広がった田中氏

田中吉政とその一族は、近江（滋賀県）、岡崎（愛知県）、筑後（福岡県）を治め、改易後は福岡に留まった者もいれば、近江に帰った者もいる。他の藩に召抱えられた者もいたし、岩手や石川に移り住んだ者もいた。

吉政の一族である田中清六は、京都や福井の敦賀を拠点に自前の千石船で奥羽地方をはじめ各地を往来した記録が残っている。そうして、田中一族は全国各地に赴き、根を下ろした人々も多かったと思われる。全国に田中の地名が散見されるが、その地域を支配した田中氏の名前から付けられたものも多いと考えられる。

田中氏は、佐々木源氏系以外に幾つもの系統が存在する。石清水八幡宮祠官家の紀姓垂井勝清の子慶清や藤原北家貞嗣流範光の子崇元が、田中氏を呼称したことで田中家が始まったとされている。新田里美系田中氏は、鎌倉時代初期、清和源氏新田系里見義俊の子義清が上野国新田荘田中郷（群馬県新田町田中）を領して里見田中氏を名乗った。安土桃山時代に活躍した茶人・千利休（田中与四郎）を新田里美系とする説もある。村上源氏赤松氏則の子氏勝も田中氏を名乗った。

田中氏には著名人も多い。江戸時代、会津藩の田中家は代々、家老として藩を支えた。中でも、会津田中家初代の田中正玄（まさはる）は、藩主・保科正之の絶大な信頼を得、天下の名家老と評された。正玄の子孫である田中玄宰（はるなか）は、江戸時代中期に起きた天明の大飢饉で疲弊した財政を立て直するなど、財政をはじめ軍制や産業、教育などの改革を推し進め会津藩を立て直した。

筑後久留米（福岡県久留米市）では、万年時計やからくり人形などをつくり海外からも高い評価を得た「からくり儀衛門」こと田中久重が活躍した。久重は晩年、東京の京町で田中製造所を設立。この会社が後に東芝の基礎となった。

明治二〇（一八八七）年、実業家田中長兵衛は国内最古の製鉄所といわれる釜石鉱山田中製鉄所（新日鐵住金釜石製鐵所の前身）を設立。日本で初めて洋式の民間製鉄所を設立するなど、日本近代製鉄の礎を築いた。釜石鉱山田中製鉄所の後にできた八幡製鐵所の創業に当たり、釜石鉱山田中製鉄所から七人の高炉作業者を派遣し、それまで培ってきた技術を伝えている。

鉄といえば、国家建設や武力強化に欠かせないものだが、この製鉄の分野でも田中氏は関わってきた。鋳物師（いもじ）という鋳造を行う者の中にも田中氏の存在が見て取れる。鉄は仏像や武器を製造する材料となることから、時の権力者は鉄の製造と鋳造技術を持つ鋳物師を政権に抱え、重用する。そのため、鋳物師の田中氏も各地の権力者と結びついていったようである。

天智二（六六三）年の白村江の戦で唐・新羅の連合軍に破れた百済から、多くの人たちが日本に逃れてきた。宗像氏や安曇野氏の船で大宰府に渡り、それから京都や琵琶湖の周辺にその多くが根を下ろしたようで、その中には、土木や製鉄に関する高い技術力を持つ人もいた。そうした人たちは、政権や地方の権力者に招かれ国力増強に貢献することで、力をつけていった面もあるようだ。

一部の田中氏の先祖は、こうした渡来人であった可能性もあると思われる。

河野水軍の子孫との出会い

今回、田中吉政とその一族の子孫を訪ね幾つもの地域を歩いたが、田中家と縁があると思われる地域に河野姓や川野姓が存在した。家紋を確認すると、河野水軍の「折敷に三文字」であった。河野氏の家紋は「折敷に三文字」や「折敷に縮三文字」など幾つか存在する。取材先でお会いした河野さんから、「瀬高町の堀切に河野姓が多く、玉垂宮で先祖が祭られている」と伺った。そこで、堀切を訪れてみると、河野四郎通信が玉垂宮の中で荒仁宮として祀られていた。

河野四郎通信は、壇ノ浦の戦い（一一八五年）で伊予国から水軍を率いて源義経の軍に加わり活躍したが、承久の乱（一二二一年）で鎌倉幕府に対抗した後鳥羽上皇に

折敷に三文字

味方して敗れたため、九州の堀切村（福岡県瀬高町）に逃げ延び、病で没したという言い伝えがある。先述の河野さんに聞いた通り、玉垂宮の周辺には河野姓が多く、その内の一軒の方に伺うと「河野水軍の子孫です」という答えが返ってきた。

河野姓について調べてみると、福岡には河野姓が多く堀切地区以外でも河野水軍の子孫と思われる方がおられる。例えば、貿易関係を手掛ける株式会社マックスジャパンの河野光明氏の先祖は、宗像大社の三宮（沖津宮・中津宮・辺津宮）の一つ、中津宮を護っており、河野家と越智家の両家の屋敷は門の両側に位置している。河野氏は、越智氏の流れを汲む家系であるから、両家が中津宮に揃っているのもうなずける。ちなみに、豊臣秀次の宿老の一人であった一柳直末（二六八ページ参照）も越智氏の流れを汲んでいると思われる。

有限会社コンピューターオペレーションズカワノの河野文子社長も、河野水軍の流れを汲んでいる。河野さんは、幼い頃から河野水軍の子孫であることを聞かされていたそうだ。

河野水軍の子孫と田中吉政に直接の関係はないと思われるが、吉政は筑後国で運河づくりを構想していたとも伝えられているだけに、興味深い縁があるように感じた。

＊＊

田中吉政は、大きな足跡を残した武将ではあるが、田中家が統治した年月の短さから、歴史に埋もれている一人だといえる。そのような人物の功績を伝える意味でも、顕彰会が果たしてきた役割は大きい。

数年にわたり、田中吉政という福岡県南の歴史をつくった一人の武将の子孫や関係者を訪ねて廻ったのだが、実に多くの方との出会いに恵まれた。そして、田中家との関係の有無に関わらず、多くの方々が自分のルーツについて関心を持たれていた。今回の取材を通して、自分の元となる先祖の存在を知ることは、自分たちの元を知り未来に向けて生きていく礎にもなると感じた。田中家の子孫については、吉政の時代と合わせて今後も調査を続けていきたいと考えている。

廣瀬の田中家について

田中　啓之

戦国時代の数ある武将の中で、覇道ではなく、仁と義に基づく王道政治を貫いたのが田中吉政公です。吉政公は敵を殲滅（せんめつ）したり、民衆を抑圧したりせず、自らの地位に胡坐をかくこともなく、未来を見据えた都市計画を実行し、そこに住む人々の生活を豊かにするために町を興し、商工業を推奨しました。近江、久留米の商業、和紙製造などが代表的なものといえるでしょう。

農業についても住民と協力して耕地を拡大し、お茶などの栽培にも積極的に関わったようです。米などの作柄が思わしくない年は、農民を苦しめないために年貢の額を減免するなど、貴賎を問わず人々を大切にしたと云われています。一方、自身の生活はあまり華美を好まず、普段の食事なども質素であったと伝えられています。

キリスト教に帰依していた、田中吉政公（洗礼名パルトロメヨ）は見返りを求めぬ愛、キリスト教の教義「アガペ」を実践した武将であるといえるでしょう。

私が吉政公のことを知ったのは、今から二〇年程前、北原白秋生家に展示されていた肖像画を見た時です。この時はまだ、自分と吉政公との関係など知る由もありませんでした。私と吉政公との関係に光を当ててくださったのは、半田隆夫先生でした。吉政公について知るようになると、それまで理解できなかったことがつながるようになりました。

幼少の頃より両親や叔母たちから「我家は柳川の士族であり、元々は本州より九州に来た家系である」と聞かされていました。太平洋戦争の前までは、福岡市早良区西新の家に槍などの武具が残っていたそうです。

そして我家には普通では考え難い不思議な決まり事が数多くありました。

例えば、小学生の頃、数カ月間通った算盤塾を父から辞めるようにすすめられました。理由は「男が金勘定などをすべきではない」というものでした。元来、数字が好きではない私にとって大変嬉しいことではありましたが、後々数字に弱いことで苦労をした面があったことも事実です。また、近所でも筋金入りの悪童であったにも関わらず、私は両親から手を上げられたことがありません。また、父が酒を口にしなかったことも一般的ではありません。

口伝によって我が家に伝えられているものを整理すると
一．当家の男は飲酒、喫煙厳禁（身体は天からの預かりもの、大切にせよ）
二．利より義を優先せよ
三．己を行なうに恥あり（自分の行動に責任を持ち、恥ずかしいことをしない）
四．早起きを心掛け、遅刻は厳禁
五．負け戦をさけ、機を見て出直せ
六．子の教育において、絶対に手を上げてはならない（対人関係に弱くなるという理由）
七．当家の者は賭け事で勝つ才能は無いので絶対に手を出すな
八．当家の者は些細な悪事でも必ず明らかになる定めなので、真直ぐに正直に生きよ
九．迎え三歩送り七歩（人と出逢うときよりも別れ際が大切）
この他にも手紙に句読点をつけずに表現することなど、数多くあります。この教えは先祖より受け継がれてきた大切なもので、今後も息子たちに伝えていこうと思っています。
私は、建物資産コンサルタント会社を経営しています。大きく捉えれば吉政公と同

じ街創りの仕事となります。ダスキン、いすゞ自動車を経て、不動産取引をする大阪の会社の福岡支店勤務を経て起業しました。不動産会社への転職が決まった際、そのことを父に報告すると「我家から不動産屋が出るとは思わなかった……」とため息をつかれたことを覚えています。父は、警察官を経て消防士であったたし、祖父も藤崎刑務所の刑務官でした。父としては、国民を守る仕事に就いてほしいという思いが強かったのであろうと思います。

祖父田中繁治は日露戦争に出征、父は太平洋戦争で連合艦隊の*榛名（はるな）という巡洋戦艦の乗組員でもありました。父からは「男は有事の際は前線で戦うために体を大切にするように」といわれていましたし、母からは「我家の男は公の仕事に就くのが当たり前」と言い聞かされていました。しかし、私は公務員になりませんでした（否なれなかった）が、仕事を通じて社会の役に立つ事だけは忘れないように心掛けています。

父が平成一二年一月に永眠したのを機に、私は自分のルーツについての事実が知りたくなり、役所に保管されている謄本を遡って調べてもらうよう、司法書士の山本健治氏に依頼しました。すると、江戸時代の天保年間あたりまでは正式な書類があり、遡ることができました。その頃の住所は山門郡廣瀬村七六三、昔の矢部往還（二四〇ページ参照。柳川と八女を繋ぐ幹線道路）沿いで、かつて和紙工業で栄えた処です。この地区は広川町や立花町白木、山川町真弓と同様、約四〇〇年前に田中家が改易された際に一族やゆかりのある人々が移り住んだであろうと推測されている地区の一つです。

謄本によると、田中繁次の長男・田中興助（天保六年一一月二九日生）、その妻は中島村西田東助の長女・セヲ（嘉永六年一一月二日生）がおり、私はこの二人の次男田中卯吉（元治元年一一月八日生）の曾孫にあたります。因みに、祖母キクヨは、谷川寅吉（弘化三年一二月二〇日生）の孫で、寅吉の父は谷川源蔵で、その父は谷川弥助、何れも住所は八女の上妻郡谷川村（現立花町）一八九番地。

話しは少し戻りますが、この廣瀬地区は矢部川

資料提供：大和ミュージアム

＊戦艦 榛名（はるな）

日本海軍中最速の巡洋戦艦で各作戦で活躍した。

大正天皇の第 3 子である高松宮宣仁親王（昭和天皇の弟）が乗船していたこともあり、規則が格段に厳しく海軍の中でも〞鬼の艦〞と異名をとっていた。日本海軍の艦船はそのほとんどが南海の藻屑と消えたが、榛名は 1945 年たまたまドック入りしていたところをアメリカ軍空母艦載機の猛襲を受けて浅瀬に着底した。本来は乗組員約 1000 人であるが、わずか 65 名の被害に留まった。結果、榛名の乗組員の多くは無事に終戦を迎えた。強運の艦である。

沿いでありながら少し小高く、洪水などの被害に遭いにくい安全な地区です。反面、農耕に不適であったことと、元々和紙生産が始まったところでもあり、この地区の人々は吉政公も奨励していた和紙製造を生業にしていました。立花家統治時代には高品質の紙を製造し、御用紙として認められ遠くは江戸までも出荷されていたそうです、この紙を利用し傘用に加工して卸していた問屋（末次家）もありました。現在、紙と関係があるものとしては、田中紙工印刷が茶袋などの印刷を手掛けておられます。社長の田中邦昭氏の本籍は、偶然にも当家が暮らしていた昔の住所の二軒隣です。邦昭氏の先祖も、当家の先祖もこの地で紙問屋や工場を営んでいたと聞いています。

現在の廣瀬山中地区には約二〇軒の末次姓と約五〇軒の田中姓、数件の河野姓が存在します。田中家が使用している家紋は、ほとんどの家で尾長左三つ巴の周囲に八角形を施した図案で、我家と同一の尾長左三つ巴のオリジナルは僅かに存在するのみですが、何れにせよ田中吉政公の尾長左三つ巴と同一図案です。

数年前、この地区の共同墓地が都市計画にかかり土地を収用されました。その中に曾祖父田中卯吉の名義の土地もあり、役所より叔父の田中弘宛てに連絡がありました。この時、叔父は所有権放棄の手続きをしました。私がこの経緯を知ったのは、その数年後のことです。最近になって田中邦昭氏よりこの共同墓地を造成する際の様子を聞くことができました。古い墓石も多数あり、その中で字が読める最古のものが「田中長壱」で、実に元禄年間のものです。その他、刀や武具の類も出土したそうです。

この廣瀬山中地区には「天満神社」という小さな神社（小さいといっても敷地は約三〇〇平方米以上はあると思われる）が祀ってあります。この神社はその昔、この地区に疫病が流行した際、それを治めるために、太宰府天満宮より分霊を授かってこの地に祀りその難を逃れたと言い伝えがあり、地区の人々はそれ以来、毎月交替で太宰府天満宮までお札を受け取りに行くそうです。車社会の現代はともかく、江戸時代ならば大変なことだったでしょう。

鳥居の写真は二〇一三年一二月末に撮影したものですが、注連縄（しめなわ）が奇妙な形をしています。前出の田中邦昭氏に確認したところ、これは龍神を形どったものだそうです。この地区は一〇の班に分かれていますが、各班の男衆が毎年当番で縄を綯う決まりとなっているそうです。

治水や海の神とされる龍神信仰の名残でしょう。

因みに、私の自宅には一〇年程前から龍神様を祀っています。その当時、本書の著者の一人である箱嶌八郎先生より「新築祝いに」と龍神の像を贈って頂き、時を同じくしてある僧侶の方から「あなたのご先祖が祀っておられた龍神がおられるので自宅に迎えてはどうか」と勧められたのがきっかけでした。見える能力がある人には見えるらしいのですが、私にはその様な能力はありません。しかし、何となくその存在を感じることがあります。

天満神社の鳥居と龍をかたどった注連縄

天満神社の境内には幾つかの古い石碑があります。老朽化（風化）していて字も見え難いのですが、その中に曾祖父や祖父の名前を確認することが出来ました。

私は運良くある程度のルーツを辿ることができましたが、何百年もの間に、先祖がどこの誰だか分からなくなっている人々も数多いと思われます。また、筑後地区に居ながらも改易されたため、氏を隠したり家紋を変えた家もあったと推察されます。筑後地区出身の田中姓の方々は特に関係者である可能性があります。

さて、ここまで書いた私が申し上げるのも変ではありますが、先祖が誰であるというのも、なに分、何百年も前のことであり、家系図の類の捏造は容易であり、中には信憑性に欠けるものもあると聞きます。

私たちは同じ〝地球人〟で、先祖の人種や身分などは現代を生きる私たちにとってはあまり関係がない事だと考えます。大切なのは血の繋がりよりも、その思想や精神をどれだけ受け継ぎ、現代をどの様に生きているか、また、子孫にどの様に教育を施してゆくのかが肝要ではないかと思います。

半田隆夫先生や宇野秀史氏が歴史を研究し続けておられるのも、歴史に学び、より良き未来を創造するための活動です。この様な思想を持つ地域の有志によって五〇年以上前より、田中吉政公の記念碑や銅像を建立するなど活動を続けているのが「田中吉政公顕彰会」です。実はこの会、田中一族で構成されているのではなく、柳川郷土研究会の皆さん方や商工会の方、柳川・大川・みやま・大和の建設協同組合の方々に支えられて今日があります。筑後の田中姓の方々は元より、田中吉政公の生き方に共感される方は、是非ともご入会をお薦めします。

現代を生きる私たち一人ひとりの意識を高め、より良い未来を創造し、子々孫々に美しい地球を残したいと切に願います。

当たり前の事を当たり前にできる心を育む教育

西南学院小学校・西南学院早緑子供の園
校長・園長　和佐野　健吾

田中吉政公は、筑後国の国主としてキリスト教を保護しましたが、立場の弱い者に対する優しさや親しみを持っていた人柄がキリスト教の教えと通じるものがあったのではないかと思われます。

私の祖母は明治時代、朝倉郡三奈木の田中家に生まれました。朝倉には禁教令が敷かれていた江戸時代からキリスト教徒が住んでおり、明治に入ってからも多くのキリスト教徒が暮らしていました。そうしたキリスト教に対する周りの評価は、規則正しい生活をし、真面目で礼儀正しい人が多いというものだったようです。私自身、中学一年生でクリスチャンになりましたが、祖母からそうした話を聞いていたこともあって、親から反対されることはありませんでした。

西南学院は、大正五（一九一六）年に開設し平成二八（二〇一六）年で一〇〇周年を迎えます。この歴史の中で、田中吉政公と共に活躍した武将とゆかりのある方が当学院とも深く関わっておられたという興味深い事実があります。

その方は、ウイリアム・メレル・ヴォーリズという著名な建築家です。日本で幾つもの素晴らしい建物（同志社・神戸女学院・京都大学ＹＭＣＡなど約一五〇〇棟）を設計しました。彼は大正一〇年に建設された西南学院の講堂（現在の西南博物館）も設計しています。ヴォーリズは建物の設計において「設計者は自らの名声を高めるために奇を衒った建物をつくるべきではなく、使う人々の安全と快適性を追求すべきである」という一貫した考え方を持っていました。彼はキリスト教の宣教師でもありましたから、その思想は自らの設計にも表れており、さらには、現在の西南学院小学校の校舎にも受け継がれています。

ヴォーリズは、大正八年に子爵一柳家の娘、一柳満喜子という日本人女性と結婚し、一柳米来留と改名し日本人となりました。満喜子夫人は天正一三（一五八五）年、豊臣秀吉の甥、秀次が近江八幡城主となった際に美濃大垣城主となった一柳直末の子孫にあたる方です。一柳直末は秀次の宿老として、田中吉政は宿老筆頭として共に秀次を補佐する立場にあったため、二人の関係はかなり近かったものと思われます。

ヴォーリズは、建築家以外にも優れた実業家・教育者の顔も併せ持っていました。彼は、現在の株式会社近江兄弟社を創り、皮膚の薬であったメンソレータム（現メンターム）を輸入し、広く日本に普及させました。近江兄弟社の名前の由来は、拠点としていた「近江」と「人類皆兄弟」という精神に由来するといわれています。また、現在の近江兄弟学園も創り、多くの子供を教育する環境を整えました。隣人愛を説く、キリスト教の宣教師らしい一生だったと思います。

さて当西南学院小学校は「キリスト教に基づく教育で、豊かな心を育む」ために教職員が一丸となって日々、その実践に取り組んでいます。その根幹を成すのは隣人愛です。隣人愛とは、例えば、転んでいる人がいれば「大丈夫ですか」と手を差し伸べることであり、連帯でもあります。当たり前の事かもしれませんが、この当たり前の事を当たり前の事として出来る思いやりと勇気を養うことが大切であると考えています。思いやりと勇気は企業や組織においても、リーダーや社会人として欠かせない資質と言えるのではないでしょうか。このような資質は、多くの人に元来備わっているものですが、残念ながらそれを発揮する勇気を持ち合わせる人が少ないのも事実です。小学校に通う六年間は、その様な正しい心と行動に移す勇気を育むのにもっとも効果的な時期でもあります。

最近、公共の場で節度に欠けた振る舞いをしたり、平気で他人に迷惑をかけたりと、以前では想像も出来ないような行動をする人が増えているように感じます。こうした行動は、神仏に対する畏れや人を敬うという当たり前の感覚を育む事が、近代の教育に欠けていた結果だとも考えられます。

私たちは、ヴォーリズも広めようとした隣人愛を基とした幼稚園や小学校での教育を通して、子供たちが成長し、立派な社会人として生きていくために必要な心を育てる基礎づくりを使命と考え、今後も務めてまいります。

国も組織もトップ次第、すべては人の質にある

福岡県少林寺拳法連盟
理事長　益永　亮

武道の起源は己の身や家族、属する組織を守るための技術を体系化したものであり、日本の戦国時代には社僧が存在していた。社僧とは神社で仏事を修めた僧の事で、武力を有する者もあった。武力を持つようになったのは、様々な力から思想を守るために必要であったと思われる。田中吉政が父重政と共に仕えていたのは浅井氏の家臣となった社僧・宮部善祥坊継潤だった。社僧は僧兵などと表わされることもあるが、現代でいえば、思想を重んじるとともに、思想を守るための技法を併せ持つ少林寺拳法がそれに近いといえるだろう。「人づくりによる国づくり」を目指すその思想は、組織づくりにも活かせるものである。福岡県少林寺拳法連盟の益永亮理事長に少林寺拳法の考え方やトップとしての在り方について伺った。（宇野）

少林寺拳法は、世界三六カ国に普及している日本発祥の人づくりの「行」であり、

信仰の中心を「ダーマ」としています。それはこの宇宙を創造し、全てを司る大きな力であります。私たちの生き方に関連させていえば、宇宙の真理（自然の摂理）を知り、その法則によって生かされている自己の尊厳に目覚め、向上する可能性を信じる生き方をすることです。

少林寺拳法に入門したら技法と教えを同時に習得しなければ昇格出来ません。大人は見習いから始まり六級・五・四・三・二・一級そして初段となり、黒帯を締めることを許されます。試験には実技と共に学科があり、実技では初段迄で約一〇〇の技法（少林寺拳法には六〇〇超の技法が存在）、学科は主に金剛禅の思想で、歴史、武道論、修行論、理想的な生き方に関する要素が含まれていて興味深いものとなっています。これは少林寺拳法が身心一如の修行をもとに「自己確立」「自他共楽」の道を究め、日々の暮らしに生かすと言う教育システムだからです。

少林寺拳法の創始者・開祖である宗道臣（そうどうしん）は、日本軍の特殊工作員として中国に渡り、嵩山少林寺の流れをくむ文太宗老子に師事し、中国武術を習得します。

第二次世界大戦での敗戦後、中国から日本へ引き上げる際に、軍人が女性・子供などの一般人を置いて我先に逃げる光景や、帰国してからは、それまでお互いが助け合ってきた日本人の美徳が失われ、自分のことしか考えられないような殺伐とした状況を目の当たりにした開祖は、「すべては人の質にある。国も組織もトップ次第である」という思いに至ります。

そこで開祖は、この国を復興し、良い国をつくるためには、〝人づくりが不可欠である〟という考えの下、「人づくりによる国づくり」の実現を目指して若者を集め、昭和二二年、香川県に道場を開きます。これが、少林寺拳法のはじまりです。

開祖は、まず、一人ひとりが自立（律）することを教えます。敗戦に打ちひしがれた人々に必要なのは自信を取り戻すことだったからです。そのための手法として、技法で鍛錬を積み、自信を持つ事、と同時に、「自他共楽（栄）」に至る必要性を説きます。自他共楽とは、「半ばは自分の幸せを、半ばは他人の幸せを」という考え方で、自分の幸せを考えると同時に他者を幸せにすることに力を注ぐという教えです。しかし、いくら他人のために尽くそうと考えても、自分自身がしっかりしていなければ、その思いは叶いません。そしていくら強くなっても正しい思想を伴わなければ、只の暴力になる可能性もあります。このことは、開祖の「力なき正義は無力であり　正義なき力は暴力である」という言葉にも表れています。

開祖は、少林寺拳法を「易筋行（えっきんぎょう）」だと表わしています。易とは変わるということ。まず、体を鍛えることから変わっていくことです。また開祖は、「行」という字の形を「強い者が弱い者を背負って相手のことも考えながら、しかも、そういう強い者同士も向き合い、協力し合っている姿」だと解釈しました。

年長者を敬ったり、弱い者をいたわるという心が失われつつある今日、公共性に反する行動を注意したり、人が被害に遭ったりしているところに助けに入ることは、リスクを伴うため、見て見ぬフリをする人が多い時代にもなりました。そのため、社会秩序はますます乱れているのが現実です。戦える自分を確立し自信を持っていなければ、いざという時に正義を守ることは出来ません。自分の大切な家族や部下、関係者を守るためには、自己を確立し自他共楽の心を養うことがますます必要になってきていると感じています。

今の日本は物質的な豊かさでは飛躍的に向上し、より文化的な生活を享受することができるようになりました。しかし、自分のことしか考えられないような人間関係の危うさという意味では、戦後の荒廃した中で開祖が体感した日本の状況に近いものがあるようにも思えます。

開祖・宗道臣が作り上げた人づくりの考え方や教育システムが、これからの日本に必要であると言っても過言ではありません。私達拳士は開祖の教えを一人でも多くの方に伝え、人づくりによる国づくりの理想に近づけるよう、努めてまいります。

あとがきにかえて

奥有明歴史文化倶楽部
半田　隆夫

平成二六年八月一七日、ＲＫＢラジオの番組「サンデースイングライフ」の中の「サンデークローズアップ」に電話出演し、田中吉政公についてインタビューを受けました。その時の内容を抜粋し、あとがきに代えさせていただきます。

（番組のパーソナリティは、佐々木謙介氏と中嶋順子さん）

佐々木　本日は、筑後藩主田中吉政公についてお話を伺います。お相手は、田中吉政公没後四〇〇年記念事業の一環として『筑後国主　田中吉政・忠政とその時代』をお書きになりました、半田隆夫さんです。今年は、黒田官兵衛がブームになっていますが、田中吉政公も豊臣秀吉の忠臣だったのですか。

半田　秀吉の忠臣でした。秀吉が主君信長に対して忠誠を尽くすその心と決断力に吉政は惹かれたようです。

二人が長浜の近くにいましたので、秀吉は吉政を非常に可愛がります。吉政も秀吉への忠誠を尽くすことになります。そこからも秀吉の忠臣であったということが言えます。

中嶋　田中吉政公は九州の人ではないのですね。

半田　吉政が生まれたのは近江の国、今の滋賀県です。琵琶湖の東方に長浜市があります。その長浜市虎姫町で生まれました。その後の主な活躍の舞台は近畿地方や東海地方です。

佐々木　とても立派な本ですが、田中吉政という人物にスポットを当てたのは、どんなことからですか。

半田　まず、田中吉政に魅力があるということです。郷土史の研究をする場合に、筑後の国主ということで、田中吉政とその時代というのは研究の対象になります。それから、田中吉政公顕彰会という団体があり私も加盟しました。そうすると、卓話を頼まれることもあるものですから、吉政公のことを調べたりしました。

佐々木　筑後柳川藩の初代藩主になったということですが、どのような経緯で柳川藩の藩主になったのでしょうか。

半　田　一六〇〇年の関ヶ原の戦いで、吉政公は家康率いる東軍に付きます。そして、西軍の大将格の石田三成を捕らえました。その功績に対し家康は、「豊前の国に豊後の一部の領地か筑後一国かどちらか所望する方を与える」と吉政に約束しました。

そこで、吉政は家臣を集めて家康の言葉を伝え、両方の長所と短所を家臣に聞きます。家臣の中に豊前出身の家臣が二人、筑後出身の家臣が一人いました。豊前出身の家臣は「豊前は周防灘に面して海の幸、山の幸が豊かです。しかし、英彦山の山伏が手ごわいです」と言います。その頃、延暦寺の山伏や一向宗一揆などがあり、僧兵への恐怖というのがありました。それが、豊前だということです。

一方、筑後出身の家臣は「筑後は有明海に面しています。しかも、遠干潟です。ここを干拓すれば、四万石から五万石の新しい領地が獲得できます。

そして、赤米が多く収穫できます」と言いました。それを聞いて吉政は、家康に筑後を所望しました。

そうして吉政は、岡崎一〇万石から三二万五〇〇〇石の大名として、筑後の柳川に入ることになります。

佐々木 柳川在任の期間は何年ぐらいですか。

半　田 八年間です。

佐々木 八年間、どんな仕事をしてきたのでしょうか。

半　田 まず、筑後の国へ入って、柳川城の規模を拡大します。五層の天守閣も築きます。そして、柳川城を本城として住むわけです。また、近くを矢部川が流れていますが、その川の水を引いて掘割を巡らせます。防衛上なのですが、掘割に水をたたえると水城になり、いわゆる水に浮かぶ町になるわけです。

江戸時代は堀船（はりぶね）で、米蔵から米蔵に年貢を運ぶのですが、掘割は堀舟が通る通路の役割も果たしていました。最近は、川下りの「どんこ舟」として柳川の観光の目玉になっています。

吉政は、筑後領内に久留米城だとか福島城、赤司城など一〇の出城を築きます。この城と城を結ぶ道が近世の街道です。例えば、本城の柳川城と久留米城を結ぶ道を田中道(たなかみち)と呼んでいますが、県道二三号にほぼ沿った今の道で久留米柳川往還といいます。その道筋に土甲呂町(ところまち)や津福町など、新しい町を町立てしています。

このように吉政は、柳川に入って城づくり、城下町づくり、新町づくり、道づくり、そして人づくりをしています。

佐々木 都市計画に長けたという意味では、秀吉も都市計画もそうでしたから、吉政公も忠臣だったということもあって、同じ事をしてきたわけですね。

中　嶋 他にはどのような功績を残されたのですか。

半　田 大川と佐賀市にまたがっていますが、大野島、道海島、さらに浮島なども開拓しています。それから、筑後川や矢部川の治水工事。みやま市に唐尾という地名がありますが、唐尾紙という和紙の生産を奨励しています。それと蒲池焼という陶磁器の生産も奨励しています。

佐々木 地元住民の気持ちをよく考えた藩主だった、そういう感じがしますね。本にも書かれていますが、筑後にはいろいろと出城があって、こんなにたくさん城があったのかということは知りませんでした。

中　嶋　本の執筆では、どのようなことが大変でしたか。

半　田　先ほど申し上げましたとおり、田中家の統治は吉政が筑後で八年間、息子の忠政が一二年間、計二〇年間です。忠政には子供がいなかったものですから、田中家は断絶します。そのために、田中関係の史料、文献が少なく、本にまとめる際に資料不足で苦労しました。

中　嶋　何年ぐらいかかって執筆されたのですか。

半　田　田中道を復元するための調査をしたり、岡崎時代や長浜時代がありますので、そういうところに調査に入ったりして七、八年かかりました。

佐々木　とても読みやすく、子供が読んでも面白い本だと思います。子供、特に若い人たちに感じ取ってほしいことや伝えたいことがありましたら。

半　田　子供たちにも読んでほしいと思って分かり易い本にしました。吉政公は、関ヶ原の戦いの後に、初めての土地、筑後にやってくるわけです。関ヶ原の戦いのあと、わずか八年ですが、世のために何をするかといろんなアイディアを考え実行したようです。しかし、自分一人ではできません。多くの人の協力を得て、成し遂げられるものです。そういう人間の可能性を追求し、人を信じる心を子供たちにも伝えたいですね。

それと、もう一つ。この本をつくるまでのことですが、新しい古文書を読む必要があります。そうすると、その古文書に秘められた歴史発見というものが、必要になってきます。その歴史発見の楽しみといいますか、古文書や古文への興味を若い人にも持って、読めるようになってほしいと思います。

中嶋　東日本大震災後の街づくりにも役立てていただきたいと、あとがきにも書いていらっしゃいますが、本当にそうですね。

今日はお忙しいところ、ありがとうございました。

今回の出版にあたり、株式会社梓書院の田村志朗社長、担当の前田司さんをはじめ関係者の皆さんに大変お世話になりました。深く感謝申し上げます。

田中氏家譜（略系図）

重政

- 吉政（竹、久次、久兵衛、長政、宗政）
  母は宮部継潤の家臣、国友與左衛門の姉
  従五位下　兵部大輔
  従四位下　侍従
  筑後守　筑後国主（柳川城主）
  - 吉次（長男）（久次郎、吉久、常政、長顕）
    従五位下　民部少輔
    ――吉勝（民部）―政信
  - 吉信（二男）（主膳、主膳正、則政、廣政）
    久留米城主
    慶長一五（一六一〇）年六月二九日病死
  - 吉興（三男）（久兵衛尉、吉勝、康政、安政）
    福島城主　元和八（一六二二）年隠居
    寛永六（一六二九）年六月病死
    ――吉官（主殿頭）―定官
  - 忠政（四男）（隼人、隼人正）
    従五位下　隼人正　従四位下　筑後守
    筑後国主（柳川城主）
    元和六（一六二〇）年八月七日、江戸で病死
- 清政（左馬允）
  赤司城主
  元和五（一六一九）年九月二五日、城内で卒去

田中吉政 略年譜

※年齢は満年齢

西暦（年号）	月・日	年齢	出来事	社会の動き
一五四八（天文17）年		誕生	田中重政の子として近江国に生まれる	
一五八一（天正9）年		34歳	宮部継潤配下として鳥取城を攻撃	
一五八二（天正10）年	六月二日	35歳		本能寺の変で織田信長が死去
一五八四（天正12）年		37歳	三好秀次（豊臣秀次）に従い、小牧・長久手の戦いに出陣	
一五八五（天正13）年	三月二〇日 閏八月二三日	38歳	根来寺攻めに出陣 近江八幡城主三好秀次の宿老として三万石を拝領	秀吉、根来・雑賀一揆を平定 秀吉、四国を平定 秀吉、関白となる
一五八六（天正14）年		39歳		秀吉、太政大臣となり、豊臣姓を賜わる
一五八七（天正15）年		40歳		秀吉、九州を平定 バテレン追放令発布
一五八八（天正16）年	三月一七日	41歳	従五位下、兵部大輔に叙任	秀吉が刀狩令、海賊取締令を発布
一五九〇（天正18）年	八月二五日	43歳	秀吉より岡崎城を受け取る 秀吉より三河国額田郡・賀茂郡五万七四〇〇石を拝領	秀吉、小田原平定 秀吉、奥州平定
一五九二（天正20）年	一月一一日	45歳	秀吉より伊勢国三重郡において三〇〇〇石を拝領	文禄の役（朝鮮の役）が始まる
一五九五（文禄4）年	八月八日	48歳	秀吉より三河国西尾・尾張国知多郡において三万石を加増	豊臣秀次、切腹

一五九六（文禄5）年	七月二七日	49歳	三河国高橋郡において一万四二五二石を加増され、一〇万石の大名となる	
一五九七（慶長2）年		50歳		慶長の役（朝鮮への再出兵）開始
一五九八（慶長3）年		51歳		秀吉、死去。五大老による朝鮮からの撤退命令が下される
一六〇〇（慶長5）年	九月一五日 九月二一日	53歳	関ヶ原の戦いで東軍として戦う 敗れた西軍の将・石田三成を近江国伊香郡古橋村で捕縛	関ヶ原の戦い
一六〇一（慶長6）年	三月	54歳	筑後国三二万五〇〇〇石の国主として柳川城に入部	
一六〇二（慶長7）年	七月二五日 八月六～九日	55歳	「台所入りの掟」五五か条を示し、領内支配の徹底を図る 慶長本土居三二キロメートルの内、二五キロメートルの有明海沿岸防潮堤防をわずか三日で築く	
一六〇三（慶長8）年	三月二五日 一〇月一七日	56歳	従四位下、筑後守に叙任 久留米柳川往還（田中道）筋に土甲呂町・津福町などを町立てし、諸公役免除	徳川家康、征夷大将軍となり、江戸幕府を開く
一六〇四（慶長9）年	一一月七日	57歳	久留米瀬の下に新川開削、舟運をはかる	
一六〇五（慶長10）年		58歳	キリシタンに好意を示し、天主堂の用地を寄進	
一六〇七（慶長12）年		60歳	柳川を訪れた神父パエスを大いに歓待し、銀二〇枚を贈り、天主堂の聖像のために一万二〇〇〇デンエを喜捨。	
一六〇九（慶長14）年	二月一八日	62歳	参勤の帰途、伏見の旅亭で死去。	

【おもな参考文献】

『筑後国主　田中吉政・忠政とその時代』半田隆夫著　田中吉政公顕彰会
『秀吉を支えた武将・田中吉政』市立長浜城博物館・岡崎市美術博物館・柳川古文書館
サンライズ出版
『秀吉の忠臣・田中吉政とその時代』田中建彦・田中充恵　鳥影社
『旧参謀本部編纂　関ヶ原の役』　徳間書店
『真説石田三成の生涯』白川　享　新人物往来社
『石田三成』今井林太郎　吉川弘文館
『武将列伝』海音寺潮五郎　文春文庫
『私説・日本合戦譚』松本清張　文春文庫
『関ヶ原合戦までの90日』小和田哲夫　ＰＨＰ研究所
『地図で知る戦国』　武揚堂
『日本合戦武具事典』笹間良彦　柏書房
『日本戦陣作法事典』笹間良彦　柏書房
『希代の軍師　黒田如水』興膳克彦　叢文社
『戦国合戦図屏風』学習研究社
『日本城郭辞典』鳥羽正雄　東京堂出版
『定本　日本城郭辞典』西ヶ原恭弘（編）　秋田書房

『図説　日本城郭大辞典』　日本図書センター
『久留米市史』第二巻
『筑後市史』第一巻
『柳川の歴史と文化』甲木　清
『柳川の歴史3　筑後国主田中吉政・忠政』中野等　柳川市
『福岡縣史資料』第三輯
『品照寺のあゆみ』大石大哲　品照寺門信徒会
『武士のメシ』永山久夫　宝島社
『戦国の食術』永山久夫　学研新書
『初期豪商田中清六正長について』村上直　法政史学
『田中清六父子の北奥羽出入りと時代風景』神宮滋　北方風土
『田中宗親書上』
『鷹・鷹献上と奥羽大名小論』長谷川成一　本荘市史
『出羽國最上郡　新庄古老覚書』
『新庄市史　第二巻』
『東奥羽旧史集』
『石川県姓氏歴史人物大辞典』角川書店
『姓氏家系大辞典　第二巻下』角川学芸出版

【著者プロフィール】

半田 隆夫（はんだ たかお）

昭和 13（1938）年、大分県中津市に生まれる。大分舞鶴高校、九州大学大学院文学研究科修士課程（史学専攻）修了。九州共立大学、放送大学福岡学習センターを経て現在は、福岡女学院大学生涯学習センター講師。平成 8（1996）年 12 月「神神と鯰」、平成 11 年 2 月「神佛と鯰」、平成 17 年 2 月「神佛と鯰　続 1」のテーマで、東京・赤坂御所にて秋篠宮殿下に御進講。著書に『九州の歴史と風土』、『中津藩　歴史と風土』1 ～ 18 輯、『豊津藩　歴史と風土』1 ～ 10 輯、『薩摩から江戸へ─篤姫の辿った道』共著に『福岡県史』（近世史料編）、『大分県史』（近世編 2、4）、『藩史大事典』（第 7 巻）
福岡県柳川市在住。

箱嶌 八郎（はこしま はちろう）

昭和 15 年福岡市生まれ。修猷館高校、早稲田大学第一政経学部卒。

商社勤務後プラスティック加工業を興す。定年退社後、建築設計事務所経営。人間分析学 四柱推命学現代看法大乗推命学会、及び現代家相研究会会長。

小説「ヤマシャクナゲ」で文芸思潮第 1 回銀華文学賞奨励賞受賞。小説「父のソフト帽」で、第 23 回森鴎外記念北九州市自分史文学賞大賞受賞。季刊「九州文学」同人。

講道館柔道 5 段（早大柔道部 OB）、黒田藩伝柳生新影流居合術 6 段。

福岡市在住。

宇野 秀史（うの ひでふみ）

昭和 40（1965）年熊本市生まれ。熊本県立第二高校、京都産業大学経営学部卒業後、地元出版社で経済誌の営業を担当。2007 年 7 月独立、コミュニケーションの促進を目的としたツールの企画・製作、人と人、企業と企業をつなぐ活動に力を入れる。2011 年 7 月中小企業向けビジネス情報誌「Bis・Navi」を創刊。株式会社ビジネス・コミュニケーション代表取締役。
福岡市在住。

【関係者プロフィール】

山際 千津枝（やまぎわ ちづえ）

料理研究家・栄養士。北九州市生まれ。料理研究家として幅広く活躍すると同時に、その仕事は食品関連会社顧問、メニュー開発、執筆、講演、公的機関の委員、テレビ・ラジオのコメンテータと多岐にわたっている。
著書：『ヤマギワ流100円おかずレシピ』（サンマーク出版）、『山際千津枝の幸福レシピ「おなかすいてない？」』（海鳥社）
福岡市在住。

志村 宗恭（しむら そうきょう）

裏千家茶道教授。和文化教育「敬水会」代表
佐賀県生まれ。九州大学経済学部卒。茶道を通して日本の文化と心を日本人だけにとどまらず、外国人にも伝え、グローバルな人材育成を支援する活動も行っている。九州日中文化交流協会副理事長。福岡文化連盟会員。ジョン・ロバートパワーズスクール福岡校講師（礼儀作法・マナー）。NPO法人博多の歴史と文化の寺社町ネット副理事長。福岡歯科大学郷土学非常勤講師。西日本国際財団留学生茶道専任講師。NPO法人和文化研究会副理事長。九州大学女子卒業生会会長。
福岡市在住。

和佐野 健吾（わさの けんご）

昭和22（1947）年福岡市生まれ。日本体育大学卒業後。西南学院中・高校長を歴任し、2010年4月に開校した西南学院小学校初代校長に就任。早緑子供の園園長も兼任。福岡県ハンドボール協会会長、九州ハンドボール協会会長なども務めている。西南学院常任理事。福岡市在住。

益永 亮（ますなが まこと）

昭和35（1960）年熊本生まれ。福岡大学卒。金剛禅総本山少林寺福岡玄洋道院長、大導師・准範士6段。

1979年、福岡大学少林寺拳法部に入部。93～2003年、福岡大学少林寺拳法部監督に就任。03年2月、福岡玄洋道院を設立、現在に至る。09年より福岡県連盟理事長、同県教区副教区長も務める。

福岡市在住。

田中 啓之（たなか ひろゆき）

昭和 32（1957）年福岡市生まれ。ダスキン、いすゞ自動車を経て、事業用建物コンサルタントとして昭和 58 年株式会社理創を設立、代表取締役に就任。現在、福岡市内で 20 棟余の貸しビルを経営するなど活躍。
金剛禅総本山少林寺福岡玄洋道院助教、少導師・中拳士 3 段。
福岡市在住。

《揮毫》

香之（こうの）

福岡生まれ。書家、篆刻師　管理栄養士。3 歳より筆を執る。2007 年株式会社アトリエ香設立。書のオーダーメイド、教室運営、道具販売に携わる。2012 年　現地法人 ATELIER KOU Hong Kong 設立。香港、カンボジア、アゼルバイジャンにて揮毫イベント開催。福岡からアジアへそして世界へをスローガンに活動中。著書　女流書家作品集&エッセイ「逢」（梓書院）。福岡市在住。

《挿絵》

小川 修（おがわ おさむ）

昭和 35（1960）年福岡生まれ。漫画家。1980 年少年サンデー（小学館）にてデビュー。作品に「マンガ吉野ヶ里物語」「漫画　博多明太子物語」「コミック版　その時歴史が動いた！」等。現在、コミック乱ツインズ（リイド社）に執筆中。
福岡県在住。

【編集協力】
財団法人立花家史料館
田中吉政公顕彰会
福岡イブニングロータリークラブ
柳川古文書館
柳川ロータリークラブ

【お世話になった方々・団体（五十音順・敬称略）】
荒巻英樹、浦岡香、榮恩寺、宇野敦、大谷芳子、乙木新平、金氏誠、金子俊彦、川口玲子、河野光明、清田準一、古賀政文、金戒光明寺、坂口政文、塩塚純夫、塩谷達昭、嶋井安生、志村宗恭、新宮松比古、眞勝寺、田中絢子、田中邦昭、田中啓、田中賢、田中賢治、田中重雄、田中慈郎、田中新次、田中稔眞、田中範行、田中晴美、田中弘、田中啓之、田中靖洋、田中泰裕、田中義照、田中吉政、田中利旺、田中和歌子、田村志朗、徳重邦子、中尾賢一郎、中島之啓、野下誠司、林田晶子、日牟禮八幡宮、平田喜勝、品照寺、益永亮、松汐幸子、宮川東一、村山聖吾、矢加部尚武、山際千津枝、山本健治、結城孝、横田進太、和佐野健吾

揮毫　香之
挿絵　小川修

【企画・制作】
株式会社ビジネス・コミュニケーション
株式会社グランドビジョン
株式会社梓書院

トップの資質

信長・秀吉・家康に仕えた武将
田中吉政から読み解くリーダーシップ論

平成二十七年二月一八日初版発行
平成三十　年三月一八日第四版発行

著　者　半田隆夫
　　　　箱嶌八郎
　　　　宇野秀史
発行者　田村志朗
発行所　㈱梓書院
福岡市博多区千代三―二―一
電話〇九二―六四三―七〇七五

印刷・製本／シナノ書籍印刷

ISBN978-4-87035-544-6